I0112345

par M. l'abbé Le François.

EXAMEN
DU CATÉCHISME
DE
L'HONÊTE-HOMME,
OU
DIALOGUE
ENTRE UN CALOYER
ET UN
HOMME DE BIEN.

Traduit du Grec vulgaire, par D. J. J. R.
C. D. C. D. G.

EXAMEN
DU CATÉCHISME
DE
L'HONÊTE-HOMME,
OU
DIALOGUE
ENTRE UN CALOYER
ET UN
HOMME DE BIEN.

A BRUXELLES,
Et se trouve à Paris, chez BABUTY, Pere, Libraire, rue S. Jâques, à S. Chrysostôme.

M. DCC. LXIV.

AVERTISSEMENT.

LE Catéchiſme de l'honête-Homme, ou Dialogue entre un Caloyer & un Homme de bien, m'étoit entiérement inconu. Ce fut un ami qui m'en donna la conoiſſance, au commencement du Carême dernier. En me le communiquant, il me pria de lui faire part de mes réfléxions. Pour m'y engager d'une maniere plus preſſante; il me dit, qu'il tenoit la petite Brochure de la main de deux perſonnes, extrêmement prévenues; & que ce ſeroit pour lui un plaiſir ſingulier de les déſabuſer. On me lut donc le Dialogue: une réponſe ne me parut ni au-deſſus de mes infirmités, ni au-dessus des circonstances du tems. Je sentis d'abord, que mon travail se réduiroit ici à faire l'aplication des principes établis & dévelopés dans un Ouvrage, où j'éxamine les faits qui servent de fondement à la Religion Chrétienne ; & où j'ai rassemblé le plus grand nombre d'objections qu'il m'a été possible de trouver, soit dans les Imprimés, soit dans des Manuscrits sur cette matiere, sur-tout dans une Critique des preuves emploïées par nos Apologistes. Je crus être assuré du succès, par l'essai que j'avois fait des mêmes principes, en 1762, sur les Livres de la *Nature* ; du *Despotisme Oriental* ; d'Emile, dans sa Profession de Foi du Vicaire Savoyard ; du Contrat social. Je souhaite que mon travail réponde aux vûes ſi raiſonables de mon ami ; & qu'il faſſe concevoir, à ceux qui daigneront me lire, le mépris & l'horreur, que méritent tous ces Livres impies, toujours mis en poudre au moment de leur naiſſance, & toujours reparoiſſans ſous de nouveaux noms & de nouvelles parures.

OBSERVATION.

Les Caloyers, *sont des Moines ou Religieux Grecs, qui suivent la Règle de Saint Basile. Ils habitent particulierement le* Mont Athos ; *mais ils désservent presque toutes les Eglises d'Orient, dont ils sont la gloire & l'ornement. Il n'a jamais été fait de Réforme chez eux : car ils gardent éxactement leur premier Institut & Vêtement. Ils menent une vie pauvre & retirée. Ils ne mangent jamais de viande. Outre cela, ils font quatre Carêmes, & plusieurs autres Jeûnes de l'Eglise Grecque.*

Voyage de Tavernier.

EXAMEN

EXAMEN DU CATÉCHISME DE *L'HONÊTE-HOMME*, OU DIALOGUE ENTRE UN *CALOYER* ET UN *HOMME DE BIEN.*

L'OUVRAGE que nous éxaminons invite le Lecteur par ſon titre & par ſa brieveté ; mais la lecture ne lui eſt pas favorable. On s'attendoit à trouver dans un Catéchiſme une ſuite de principes, & d'inſtructions familieres ſur la Religion. Dans celui-ci, à l'exception de quelques termes vagues, qu'on ne définit jamais, on ne trouve qu'une suite de dificultés contre la Religion : on n'y voit que les éforts de l'Incrédulité contre nos Livres saints. Le titre naturel de ce petit Ouvrage devroit donc être : *Critique de la Religion Chrétienne.* Rien de mieux assorti aux rôles des deux Interlocuteurs. Le Caloyer semble n'ouvrir la bouche, que pour fournir matiere aux attaques de l'Homme de bien : & celui-ci, pour se frayer un chemin plus commode à une victoire aparente, a soin, & souvent d'un ton dévot, plus souvent d'un ton railleur, toujours d'un ton de maître, d'altérer presque tous les faits qu'il touche, de les déguiser, de suprimer ce qui peut servir à leur éclaircissement, de même que toute citation ; & au sujet des faits, qu'il défigure moins, il répete, comme nouvelles & comme insolubles, des objections surannées cent fois rebatues, & cent fois résolues.

Le Caloyer débute ainsi : « puis-je » vous demander, Monsieur, de » quelle Religion vous êtes dans

Alep, au milieu de cette foule de « Sectes qui sont ici reçues, & qui « servent toutes à faire fleurir cette « grande ville ? Etes-vous Mahométan du Rite d'Omar, ou de celui « d'Ali ? Suivez-vous les dogmes des « anciens Parsis, ou de ces Sabéens, « si antérieurs au Parsis, ou des Brames, qui se vantent d'une antiquité « encore plus reculée ? Seriez-vous « Juif ? Etes-vous Chrétien du Rite « Grec, ou de celui des Arméniens, « ou des Cophtes, ou des Latins ? Que « réplique l'honête-Homme ? «

L'honête-Homme. J'adore Dieu ; « je tâche d'être juste, & je cherche « à m'instruire. »

La réponse paroît modeste : l'est-elle éfectivement ? Supose-t-elle un éxamen raisonné & impartial de toutes les Sectes qu'on vient de citer ? Ce prétendu honête-Homme adore Dieu, & il tâche d'être juste. Il fait très-bien : mais a-t-il une idée de Dieu telle qu'il doit l'avoir, pour l'adorer comme il veut être adoré ? A-t-il une idée bien claire des biens qu'il doit espérer de sa bonté, & des maux qu'il doit craindre de sa justice ?

A-t-il une idée bien éxacte de tous les devoirs qu'il a à remplir, soit envers l'Auteur de son être, soit envers soi-même, soit envers ses semblables, pour se flatter d'être juste? A-t-il une idée bien assurée de la nature du culte, soit intérieur, soit extérieur, qu'il doit à l'Auteur de son être? Car étant composé d'ame & de corps, il doit faire servir l'un & l'autre à sa gloire; puisqu'il tient l'un & l'autre de sa puissance. Enfin, s'il lui arrive de violer quelqu'un de ses devoirs, a-t-il une idée bien précise de quelque ressource, pour en obtenir l'abolition? « Il cherche à » s'instruire, » voyons si c'est de bonne foi.

Le Caloyer. » Mais ne donnez-vous » pas la préférence aux Livres Juifs » sur le Zendavesta, sur le Vedam, » sur l'Alcoran?

L'honête-Homme. » Je crains de » n'avoir pas assez de lumieres pour » bien juger des Livres; & je sens que » j'en ai assez pour voir dans le grand » Livre de la nature, qu'il faut adorer » & aimer son Maître? »

La réponse est-elle de bonne foi?

Faut-il tant de lumieres pour juger, que les Livres qu'on opose ici aux Livres des Juifs, sont destitués de toute preuve de divinité? Ne faut-il point de lumiere, pour voir dans le grand Livre de la nature, toutes les vérités nécessaires pour adorer, & aimer, comme il faut, son souverain Maître?

Le Caloyer. » Y a-t-il quelque « chose qui vous embarasse dans les « Livres Juifs? «

L'honête-Homme. Oui; j'avoue, « que j'ai de la peine à concevoir ce « qu'ils raportent. J'y vois quelques « incompatibilités, dont ma foiblesse « s'étone. «

1°. Il me semble dificile que Moïse « ait écrit dans un désert le Pentateu- « que, qu'on lui atribue. Si son peuple « venoit d'Egypte où il avoit demeuré, « dit l'Auteur, quatre cens ans; (sur « quoi il se trompe de deux cens;) ce « Livre eut été probablement écrit en « Egyptien; & on nous dit, qu'il l'é- « toit en Hébreu. Il devoit être gravé « sur la pierre, ou sur le bois; on n'a- « voit pas, du tems de Moïse, d'autre « maniere d'écrire; c'étoit un Art fort «

» dificile, qui demandoit de longs
» préparatifs; il falloit polir le bois,
» ou la pierre; il n'y a pas d'aparence,
» que cet Art put être éxercé dans un
» désert, ou selon ce Livre même, la
» Horde juive n'avoit pas de quoi se
» faire des habits & des souliers, &
» Dieu fut obligé de faire un miracle
» continuel pendant quarante annécs,
» pour leur conserver leurs vêtemens,
» & leurs chaussures sans dépérisse-
» ment. »

Que votre raison est foible; si elle voit ici des incompatibilités! Comptez, d'après le Texte Samaritain, depuis la seconde promesse faite à Abraham, les années de la demeure des Descendans de ce Patriarche dans une terre étrangere; & votre dificulté au sujet des quatre cens trente ans en Egypte, s'évanouira. Qui vous a dit, que dans le siécle de Moïse, on n'écrivoit en Egypte que sur des tables de bois, ou de pierre? Quand cela seroit, qui vous a dit, que Moïse, éclairé d'avance sur tout ce qu'il auroit à faire dans le désert, ne fit point provision, avant de sortir de l'Egypte, de la quantité de tables de bois, ou de pierre, dont il prévoyoit qu'il auroit besoin ? Qui vous a dit, que Dieu fut obligé d'avoir recours à un miracle, pour le vêtement & la chaussure des Israélites dans le désert ? Ne pouvoit-il pas leur laisser faire usage des peaux de leurs troupeaux. Y a-t-il du sens à supposer que la postérité de Jacob vivant, réunie dans la terre de Gessen, eut oublié la Langue de ses peres, c'est-à-dire, la Langue Hébraïque, pour ne parler que l'Egyptiene ; si cette derniere diféroit beaucoup de la premiere, & n'en étoit pas un dialecte ?

2°. Dit *l'honête-Homme*. « Les hommes les plus versés dans l'antiquité, pensent que ces Livres ont été écrits plus de sept cens ans après Moïse. Ils se fondent sur ce qu'il y est parlé des Rois, & qu'il n'y eut de Rois que long-tems après Moïse ; sur la position des villes qui est fausse, si le Livre fut écrit dans le désert, & vraye s'il fut écrit à Jérusalem, sur les noms des villes ou des bourgades dont il est parlé, & qui ne furent fondées ou apellées du nom qu'on leur donne qu'après plusieurs siécles, &c. »

Il faut s'aveugler soi-même pour douter que Moïse ne soit l'Auteur du Pentateuque. Toute l'antiquité le reconnoît pour Législateur des Juifs : il y auroit de la folie à contester ce fait, qui n'est pas moins certain que l'éxistence de ce peuple Juif avant l'établissement du Christianisme. Or, est-il possible de refuser le Pentateuque au Législateur des Juifs ? Ce Législateur, dit-on, parle des Rois avant qu'il y en eut chez le peuple Juif. Belle raison ? Est-ce que Moïse, si éclairé sur la destinée future de son peuple, comme il est manifeste par le XXXII Chap. du Deuteronome, pouvoit-il n'en point prévoir toutes les positions, & prescrire des Loix pour les Rois, que ce peuple demanderoit un jour ? Est-il bien étonant, qu'après des révolutions de siécles, des villes, des villages ayent changé de nom depuis Moïse ; que ces nouveaux noms ayent été d'abord placés à la marge par maniere de remarques, par ceux qui étoient chargés de revoir le Pentateuque, & que dans la suite ils ayent passé dans le Texte ? Est-ce là un fondement légitime de regarder le Pentateuque comme un ouvrage supoſé ; L'impoſture ſe ſeroit trahie elle-même, tant elle auroit été viſible. Quelques aditions, quelques retranchemens du même genre en très-petit nombre, & qui ne ſont pas même d'une entiere certitude ; de tels changemens touchent-ils au fond & à la ſuite de l'hiſtoire donnée par l'Auteur du Pentateuque, au corps des Loix, au récit des miracles.

« 3°. Ce qui peut un peu éfaroucher dans les Ecrits atribués à Moïſe, « c'eſt que l'immortalité de l'ame, les « récompenſes & les peines après la « mort, ſont entierement inconnues « dans l'énoncé de ſes Loix. Il eſt étrange qu'il ordonne la maniere dont « on doit faire ſes déjections, & qu'il « ne parle en nul endroit de l'immortalité de l'ame. Zoroaſtre, antérieur au « Légiſlateur Juif, dit, *Honorez, aimez vos parens, ſi vous voulez avoir « la vie éternelle*. Et le Décalogue dit : « *Honore pere & mere ſi tu veux vivre « long-tems ſur la terre*. Il ſemble que « Zoroaſtre parle en homme divin, & « Moïſe en homme terreſtre. »

L'immortalité de l'ame eſt une vérité connue dans tous les tems, par tous les peuples policés. Il eſt un grand nombre d'expreſſions dans le Pentateuque, qui rapelloient cette grande vérité aux Iſraélites. Moïſe en étoit, ſelon Saint Paul, tout pénétré lui-même. Moïſe, comme Miniſtre du Roi des Iſraélites, c'eſt-à-dire, de Dieu même, devoit ſans doute leur donner, au nom de ce Roi, des Loix, qui renfermaſſent les principes & les motifs des récompenſes, & des punitions réſervées à une autre vie: mais devoit-il y attacher ces ſortes de récompenſes & de punitions? Non, des promeſſes & des menaces temporelles pour la vie préſente, étoient bien plus propres à remuer & à contenir un peuple charnel & groſſier, que des promeſſes & des menaces de biens & de maux inviſibles dans une vie future. M. Pridaux ne conviendroit pas de l'antiquité de Zoroaſtre. Il le fait Diſciple de Daniel; & dans ce cas, il n'eſt pas ſurprenant que ce Philoſophe parle de la vie éternelle d'après ſon Maître, & les autres Prophétes Juifs, les David, les Salomon, les Iſaïe, &c. Continuons d'entendre notre honête-Homme.

Prid. Hiſt. des Juifs, T. I. p. 383. Edit. d'Hol. 1722.

» 4°. Les événemens racontés dans » le Pentateuque, étonent ceux qui ont le malheur de ne juger que par leur raison, & dans qui cette raison aveugle n'est pas éclairée par une Grace particuliere. Le premier Chapitre de la Genese est si au-dessus de nos conceptions, qu'il fut défendu chez les Juifs de le lire avant vingt-cinq ans.

On voit avec un peu de surprise, que Dieu vienne se promener tous les jours à midi dans le jardin d'Eden; que les sources de quatre Fleuves, éloignées prodigieusement les unes des autres, forment une fontaine dans ce même Jardin; que le serpent parle à Eve, attendu qu'il est le plus subtil des animaux; & qu'une ânesse qui ne passe pas pour subtile, parle aussi plusieurs siécles après; que Dieu délivre de la servitude en Egypte, six cens mille combatans de son peuple, sans compter les vieillards, les enfans & les femmes; que ces six cens mille combatans, après les plus éclatans miracles, égalés pourtant par les Magiciens d'Egypte, s'enfuïent, au lieu de combatre leurs ennemis; qu'en fuïant ils ne prennent pas le chemin du païs, où Dieu les con-

» duit ; qu'ils ſe trouvent entre Mem-
» phis & la Mer Rouge ; que Dieu leur
» ouvre cette Mer & la leur faſſe
» paſſer à pié ſec, pour les faire pé-
» rir dans des déſerts afreux, au lieu
» de les mener dans la terre qu'il leur
» a promiſe : que ce peuple, ſous la
» main & ſous les yeux de Dieu
» même, demande au frere de Moïſe
» un Veau d'or pour l'adorer ; que
» ce Veau d'or ſoit jetté en fonte en
» un ſeul jour, que Moïſe réduiſe cet
» or en poudre impalpable, & la faſſe
» avaler au peuple ; que vingt-trois
» mille hommes de ce peuple ſe laiſ-
» ſent égorger par des Lévites, en
» punition d'avoir érigé ce Veau
» d'or ; & qu'Aaron qui l'a jetté en
» fonte, ſoit déclaré Grand-Prêtre
» pour récompenſe ; qu'on ait brûlé
» deux cens cinquante hommes d'une
» part, & quatorze mille ſept cens
» hommes de l'autre, qui avoient
» diſputé l'encenſoir à Aaron ; & que
» dans une autre ocaſion, Moïſe ait
» encore fait tuer vingt-quatre mille
» hommes de ſon peuple. »

Ne diroit-on pas avec plus de fondement, que les événemens racontés dans le Pentateuque, n'étonent qu'une raiſon encore foible, & pour ainſi dite dans l'enfance, ſans réflexion & ſans culture ? Qu'y a-t-il en éfet, par éxemple, dans les premiers Chapitres de la Geneſe, qui ſoit au-deſſus des conceptions d'une raiſon attentive & cultivée ? On y voit d'abord le ſouverain Etre éxiſtant par ſoi, tirer du néant la matiere qui doit être le fond du Ciel & de la Terre; c'eſt-à-dire, de cet Edifice ſuperbe que nous admirons : enſuite arranger & ordonner cette matiere ſucceſſivement dans l'eſpace de cinq jours, & former cet Edifice magnifique.

La matiere de la lumiere commence à entendre la parole du Tout-puiſſant; le mouvement de vibration lui eſt donné, & s'il y avoit des yeux, ils verroient le premier & le plus beau jour ſuccédant à la nuit la plus obſcure. Au ſecond jour l'Athmoſphere va paroître : une partie des eaux ou de cette matiere liquide qui envelope la terre aténuée & ſubtiliſée, prend ſon eſſor vers l'Athmoſphere; l'autre partie plus groſſiere, qui lui ſert encore de langes, reçoit l'ordre de ſe rendre dans les baſſins, qui lui sont préparés pour former les Mers. La Terre, ainsi dégagée au troisiéme jour, est ornée & embellie de toutes sortes de Plantes, portant en elles-mêmes un principe de vie, pour se renouveller & se perpétuer à l'infini. Le quatriéme jour, la matiere destinée à la formation des globes de feu qui roulent sur nos têtes, va occuper sa place : le Soleil brille durant le jour ; les Etoiles étincellent durant la nuit ; soit que ces corps ne soient que des amas de feu, propres par leur mouvement à agiter la matiere de la lumiere, répandue de toute part ; soit qu'ils ne soient eux-mêmes qu'un amas de lumiere, qui s'élance incessanment de ces fonds inépuisables vers notre planette ; mais à quelles profondes ténébres ne seroient pas exposées les diverses contrées de cette planette, par son mouvement journalier autour du Soleil, si elles ne jouissoient pendant l'absence de cet Astre, que de la sombre lumiere qui leur vient des Etoiles dans un éloignement si immense ? L'inconvénient est prévu : la Lune est placée entre le Soleil & la Terre dans une telle distance, qu'elle eſt propre, comme un miroir, à réfléchir durant la nuit une quantité prodigieuſe de rayons ſolaires, & à les renvoyer à notre habitation. Le cinquiéme jour la Mer eſt remplie de poiſſons, & l'air d'oiſeaux. Le ſixiéme, la Terre eſt peuplée d'animaux.

Mais l'Univers, ce ſuperbe Edifice, eſt encore comme déſert & inhabité: il eſt ſans admirateur de tant de merveilles. L'art inéfable de ſon Auteur y eſt inconnu; perſonne ne l'en loue & ne l'en bénit. Enfin, ſont créés deux êtres, capables de remplir ces grands devoirs: Dieu produit l'Homme & la Femme à ſon image & à ſa reſſemblance, c'eſt-à-dire, capables de le connoître & de l'aimer. Il leur donne l'empire ſur tout ſon ouvrage, & les établit pour en être la voix & le Pontiſe. Il les place dans un jardin délicieux, en leur permettant de ſe nourrir de tous ſes fruits, à l'exception d'un ſeul, dont il leur défend, ſous de grandes menaces, de manger. La femme ſe laiſſe ſéduire par l'artifice d'un ſerpent, & par la beauté du fruit; l'homme a ſa complaiſance d'en manger après la femme. Tout change alors dans ces deux rébelles aux ordres de leur Dieu. Leur intelligence s'obſcurcit, leur imagination s'égare, leur volonté ſe dérégle, leur corps ſe révolte. Condamnés à des ſuplices, qui ne finiront que par leur mort; chaſſés honteuſement du jardin de délices, ils ne ſont conſolés que par la ſentence prononcée contre le ſéducteur : il ſortira d'eux une Femme, ennemie de ce ſéducteur ; & elle donnera naiſſance à un Fils, qui en ſera auſſi l'ennemi, lequel, après en avoir été mordu au talon, lui écraſera la tête.

Qu'y a-t-il donc dans ce recit, qui ſoit ſi fort au-deſſus des conceptions d'un homme tel que vous, qui vous érigez en critique de nos Livres ſacrés? Eſt-ce la création de la matiere? Eh, l'éternité de la matiere ne renferme-t-elle pas des dificultés mille fois plus inconcevables que la création! Eſt-ce l'arrangement & l'ordination de la matiere? Eſt-ce qu'il peut y avoir de l'arrangement & de l'ordination dans la matiere ſans un ordinateur! Eſt-ce l'arrangement & l'ordination de la matiere en ſix jours? Quoi! vous voudriez que Dieu n'eut point manifeſté

nifesté sa souveraine liberté dans la fabrique de ses ouvrages ? Vous paroîtroit-il plus beau, que tout fut sorti de sa main, comme par une aveugle impétuosité ? Est-ce la production de l'homme à l'image & à la ressemblance de son Créateur, qui vous étone, ou la formation du corps avant la création de l'ame ? Concevez-vous donc que l'ame ait pu sortir des mains de l'Auteur de son être, sans en recevoir la connoissance & l'amour ? Concevez-vous donc que l'ame étant faite pour régir le corps, celui-ci n'ait pas dû être préparé auparavant, & en attendre les premiers mouvemens ; & par conséquent, en recevoir des vestiges propres à réveiller les notions & les sentimens avec lesquels elle est sortie des mains de son Auteur ? Ce qui vous étone, est-ce le précepte imposé à ce premier homme ? Quoi : devoit-il être indépendant, ou Dieu ne devoit-il point lui faire sentir sa dépendance ? Ce qui vous étone, est-ce sa désobeissance à un précepte si facile ; ou ce changement éfroyable qui lui arrive, & qui en est le châtiment ? N'étoit-il pas né libre ? Le Créateur devoit-il le créer ſans liberté ? N'euſſe pas été tout à la fois, & ſe priver lui-même de la manifeſtation de ſon indépendance à l'égard des hommages de l'homme, & priver l'homme du mérite de ſes hommages ! Le Créateur, en le formant avec la liberté, devoit-il en empêcher l'abus ? Etoit-ce pour le bien du Créateur, & non pour ſon bien propre, que l'homme devoit être obéiſſant ? Le Créateur a-t-il beſoin du culte de ſa créature, ſi le Créateur prévoyoit l'abus que l'homme feroit de ſa liberté, devoit-il, pour prévénir cet abus, rendre fauſſe ſa préſcience ?

Ce qui vous étone, eſt-ce le changement qui ſurvient dans tout l'être du premier homme après ſon crime ? Eſt-ce que ce crime n'emporte pas avec ſoi dans le premier homme, la préférence de ſa volonté propre à celle de ſon Créateur ; par conſéquent l'extinction en lui de l'amour du Créateur ? Eſt-ce que les veſtiges de ſon cerveau ne dûrent pas s'afoiblir & s'altérer étrangement, ceſſer par conſéquent d'être propres à réveiller la connoiſſance du Créateur? Eſt-ce qu'il ne dût pas perdre, en perdant l'inocence, l'empire ſur un corps que ſon inocence ſeule lui avoit acquiſe? Pourrions-nous méconnoître en nous-mêmes les enfans de ces deux premiers coupables?

Entendez, d'après tous nos Livres ſacrés, par le ſerpent ſéducteur, un eſprit méchant, ennemi de Dieu & de l'homme; & par la ſentence prononcée contre lui, la promeſſe d'un Libérateur, qui en recevra la mort, mais qui en détruira l'empire injuſte, par l'établiſſement de l'empire de la juſtice; & vous aurez le plan de la conduite de Dieu ſur le genre humain. Paſſons à vos autres reproches contre le Pentateuque.

Vous voyez, dites-vous, avec ſurpriſe, que Dieu vienne ſe promener tous les jours à midi dans le Jardin d'Eden. Qu'y-t-il en cela de ſi ſurprenant! Le Maître de la Nature, n'eſt-il pas le maître de manifeſter ſa préſence quand il lui plaît, & comme il lui plaît, en faiſant ſervir les corps à ſa volonté ſouverainement puiſſante? Vous voyez avec ſurpriſe, que les ſources de quatre

Fleuves, éloignées prodigieusement les unes des autres, forment une fontaine dans le même Jardin d'Eden. De savans Hommes ont travaillé à raprocher ces sources, qui vous paroissent si prodigieusement éloignées. Vous ne vous sentez pas, sans doute, assez versé dans la Géographie ancienne & moderne, pour oser attaquer leur conjecture ; mais en suposant qu'ils n'eussent pas été assez heureux pour réussir, qu'en pourriez-vous conclure contre le récit de Moïse ? Etes-vous bien assuré, que depuis la naissance du monde, il ne soit survenu aucun changement à la terre qui ait pû séparer ces sources ? On découvre tous les jours des preuves des plus grands bouleversemens arrivés sur notre Continent. Vous voyez avec surprise que le serpent parle à Eve. Où est donc l'impossibilité, si Dieu le permet, qu'un esprit forme des sons par l'organe d'un serpent ? Ce que vous ajoutez de l'ânesse ne mérite aucune réponse ; contesteriez vous à Dieu une puissance, qui n'est pas au-dessus de celle d'un esprit créé ?

« **Vous voyez avec surprise, que**

Dieu délivre de la ſervitude en « Egypte ſix cens mille combattans « de ſon peuple, ſans compter les « vieillards, les enfans & les fem- « mes; que ces ſix cens mille com- « battans, après les plus éclatans mi- « racles, égalés pourtant par les Ma- « giciens d'Egypte, s'enfuïent, au « lieu de combattre leurs ennemis. »

Eſt-il donc plus dificile à Dieu de délivrer ſix cens mille combattans de la ſervitude, que mille, & un moindre nombre encore? Eſt-ce de bonne foi, que vous avancez que les miracles de Moïſe furent égalés par les Magiciens? Ceux-ci, après avoir tenté d'imiter les trois premiers miracles de Moïſe (peut-être en Joueurs de gobelets) la Magie les abandonne; & ils ſont contraints de reconnoître *le Doigt de Dieu* dans Moïſe, lequel anonce d'avance les plaies dont il frappe les cruels maîtres de ſon peuple, les produit à l'invocation du vrai Dieu, les fait ceſſer à la même invocation; & lequel a un trop grand nombre d'yeux ouverts ſur lui, pour pouvoir faire illuſion. Vous voudriez que ces ſix cens mille combattans, au lieu de fuir, eussent combattu les Egyptiens ; mais à quel titre l'eussent-ils pû faire ? Est-ce que la dureté d'un Roi, est un titre légitime de se révolter contre lui, & de repousser la force par la force ? Moïse n'étoit pas chargé de se batre, mais d'obéir au Maître qui l'avoit envoyé, & d'engager Pharaon d'obéir au même Maître. C'est à ce Maître qu'est réservée la vengeance de l'injustice des Rois ; & nous allons voir Pharaon, l'éprouvant d'une maniere terrible.

» Vous voyez avec surprise, que » les Israélites en fuyant ne prennent » pas le chemin du païs où Dieu les » conduit ; qu'ils se trouvent entre » Memphis & la Mer Rouge ; que Dieu » leur ouvre cette Mer, & la leur » fasse passer à pié sec, pour les faire » périr dans des déserts afreux, au » lieu de les mener dans la terre qu'il » leur a promise. »

Dieu va faire éclater sa vengeance contre les barbares opresseurs des Israélites. C'est précisément pour en venir là, qu'il ordonne à Moïse de conduire son peuple vers la Mer Rouge, au lieu de lui faire prendre un chemin plus court par l'Isthme de Sués. Pharaon, ſentant la perte des ſervices qu'il tiroit de ce peuple aſſervi, ſe met à la tête de ſon Armée, le pourſuit, l'atteint ſur le rivage; la mer ſe diviſe; les Iſraélites profitent du chemin qu'elle leur ouvre au milieu de ſes eaux ſuſpendues à leurs côtés, la traverſent, & échapent ainſi à leurs ennemis, que la Mer engloutit à leurs yeux. Si les Iſraélites périſſent à leur tour dans le déſert; c'eſt leur ingratitude, ce ſont leurs crimes qui les font périr: la ſouveraine juſtice ne punit que des coupables.

Vous êtes ſurpris que ce peuple, ſous la main, & ſous les « yeux de Dieu même, demande « au frere de Moïſe un Veau d'or « pour l'adorer; que ce Veau d'or « ſoit jetté en fonte en un ſeul jour; « que Moïſe réduiſe cet or en pou- « dre impalpable, & la faſſe avaler « au peuple; que vingt-trois mille « hommes de ce peuple ſe laiſſent « égorger par des Lévites, en puni- « tion d'avoir éxigé ce Veau d'or; « & qu'Aaron, qui l'a jetté en fonte, « ſoit déclaré Grand-Prêtre pour ré- « compenſe; qu'on ait brûlé deux « cent cinquante hommes d'une part «

» quatorze mille ſept cens hommes
» de l'autre, qui avoient diſputé l'en-
» cenſoir à Aaron ; & que dans une
» autre ocaſion, Moïſe ait encore fait
» tuer vingt-quatre mille hommes de
» ſon peuple. »

Que montre votre ſurpriſe ? Que vous connoiſſez peu l'homme plongé dans les ſens. Les miracles, tandis qu'ils durent, font impreſſion ſur lui. Ceſſent-ils ? Il revient à ſon penchant. Il veut voir & toucher ce qu'il adore. Les Iſraélites ont vu les Egyptiens rendre leurs hommages au Dieu Apis : ils veulent adorer leur Dieu ſous cette figure. Aaron ſe prête à leurs cris redoublés, malgré ſes répugnances & les éforts qu'il fait pour les détourner de leurs emportemens aveugles. Vous paroiſſez ignorer la ſcience des Hébreux dans la Metallurgie : de-là votre ſurpriſe à la vûe du Veau d'or jetté en fonte par Aaron, puis réduit en une poudre impalpable par Moïſe, non en un jour, comme vous l'avancez ſans preuve : un coup d'œil ſur les ouvrages du Tabernacle, vous eut fait revenir de votre préjugé.

Le Gouvernement des Iſraélites étoit

étoit une vraie Théocratie: Dieu s'étoit déclaré le Roi de ce peuple, & ce peuple l'avoit reconnu en cette qualité: en sorte que l'adoration de tout autre Dieu, étoit un crime de lèze-majesté dans la rigueur des termes. Si vous aviez une idée de ce Gouvernement, seriez-vous surpris de voir Moïse à la tête des Lévites demeurer fidéles à leur Roi, mettre à mort des milliers de rebeles jusqu'à ce que, rentrant en eux-mêmes, ils s'humilient, déplorent leur crime, demandent miséricorde. Si Moïse épargne Aaron, c'est qu'Aaron reconnoît lui-même sa faute; & que de plus il ne lui est point inférieur, étant Ministre comme lui & Grand-prêtre du même Roi. Pourquoi en voyant la terre s'ouvrir sous les piés de deux cens cinquante ambitieux, & sortir de ce goufre une flamme qui consume leurs partisans? Pourquoi n'adorez-vous pas la souveraine Justice, qui se venge de tant d'impies, qui osent s'élever contre ses volontés? Pourquoi n'admirez-vous pas l'humanité de Moïse & d'Aaron, recourans en cette ocasion aux priéres & aux larmes, pour fléchir cette Justice? Qu'y a-t-il d'étonant, selon les principes du gouvernement des Israélites, dans la mort de tant de milliers d'hommes prosternés aux piés de Béelphégor, & se livrant aux dernieres infamies, avec les femmes des adorateurs de ce Dieu monstrueux.

» 5°. Si on s'en tient aux plus » simples connoissances de la Physi» que, & qu'on ne s'éleve pas jus» qu'au pouvoir divin, il sera dificile » de penser qu'il y ait eu une eau, » qui ait fait créver les femmes adul» teres, & qui ait respecté les femmes » fidélles. On voit encore avec plus » d'étonement un vrai Prophéte par» mi les Idolâtres, dans la personne » de Balaam. »

Quelles étranges révolutions n'étoient pas propres à produire dans la machine d'une femme, les cérémonies des eaux amères, par l'imagination tourmentée des remords d'une mauvaise conscience ? Quoiqu'il en soit, prescrirez-vous des bornes au pouvoir divin ? L'usage en étoit-il déplacé, eu égard au caractère jaloux & cruel des Juifs, pour sauver la vie à des femmes inocentes ? Quant à Balaam, il est certain que le vrai Dieu n'étoit pas généralement inconu dans ces contrées, malgré les erreurs qui y régnoient; que par conséquent cet homme avare pouvoit recevoir la connoissance de l'avenir, & l'anoncer à l'invocation du vrai Dieu. Ce qui n'est pas moins certain, c'est que dans le Livre des Nombres, il est des prédictions de cet homme, vérifiées par l'événement, & qu'on ne sauroit dire sans absurdité avoir été faites après coup.

6°. On est encore plus surpris, « que dans un village du petit païs « de Madian, le peuple Juif trouve « 675000 brebis, 72000 bœufs, 61000 « ânes, 32000 pucelles; & on frissone « d'horreur quand on lit que les Juifs, « par ordre du Seigneur, massacrerent « tous les mâles & toutes les veuves, « les épouses & les meres, & ne gar- « derent que les petites-filles. »

Vous n'êtes surpris de la grandeur du butin, que trouvent les Israélites dans le païs de Madian, que parce qu'il vous plaît de réduire leur victoire à la prise d'un village. Il est question dans le Livre des Nombres, Chapitre XXXI. du païs de Madian, gouverné par cinq Rois. Est-il bien extraordinaire qu'un païs fécond & riche renferme un peuple nombreux, & tant de bœufs, de brebis & d'ânes? Frisoneriez-vous d'horreur, si Dieu avoit fait périr tout ce peuple par la peste; n'adoreriez-vous pas plutôt sa justice? N'est-elle pas également adorable; lorsqu'elle employe les Israélites pour éxécuter ses Arrêts contre un peuple dévoué à l'anathême? Est-ce que Dieu n'est pas le maître de la vie & de la mort? N'est-ce pas lui qui tue & qui vivifie? Ce n'est pas la condamnation à la mort de ses coupables, pris les armes à la main; ce sont les crimes horribles d'idolâtrie & d'impureté, dans lesquels, selon les conseils pernicieux de Balaam, ils avoient entraîné, par le moyen de leurs femmes & de leurs filles, un si grand nombre d'Israélites, pour forcer Dieu en quelques sortes de se retirer d'eux, & de les abandoner.

» 7°. Le Soleil, qui s'arrête en plein » midi, pour donner plus de tems aux » Juifs de tuer les Gabaonites, déja » écrasés par une pluye de pierres » tombées du Ciel; le Jourdain qui » ouvre son lit comme la Mer rouge, » pour laisser passer ces Juifs; les murailles de Jéricho qui tombent au « son des trompettes, tant de prodi- « ges de toute espéce, éxigent, pour « être crus, le sacrifice de la raison, & « la foi la plus vive. Enfin, à quoi « aboutissent tant de miracles opérés « par Dieu même, pendant des siécles « en faveur de son peuple, qu'à le « rendre presque toujours l'esclave des « Nations. »

Vous admettez un Dieu. Votre raison n'a donc rien à oposer à la possibilité du miracle. Toute la nature est soumise aux Loix du Créateur; mais qu'est-ce que ces Loix, sinon sa volonté souverainement éficace, opérant d'une maniere constante & uniforme, & c'est ce qu'on apelle le cours de la nature; ou opérant d'une maniere particuliere, en sortant, pour ainsi-dire, de cette uniformité, & c'est ce qu'on apelle miracle. L'un & l'autre lui sont donc également facile. Selon le cours de la nature, Dieu faisant rouler autour du Soleil la terre sur elle-même, dans un certain période d'heures, forme le jour. Dieu ralentit le mouvement de rotation durant quelques heures : voilà le miracle raporté dans Josué, pour favoriſer, non la défaite des Gabaonites, mais celle de leurs ennemis. Selon le cours de la nature, les eaux d'un fleuve ne ſuivent la pente du lit où elles coulent, que par le mouvement & le poids que le Créateur leur imprime. Change-t-il la direction de ce mouvement ? Les voilà qui demeurent ſuſpendues vers leur ſource, ſe replient ſur elles-mêmes, s'élevent en montagne. Sans ce miracle, le Jourdain débordé, devenoit inacceſſible aux Iſraélites. Selon le cours de la nature, l'agitation que Dieu excite dans l'air, par le ſon de quelques trompettes, & par le cris d'un peuple, n'eſt pas capable de renverſer les murs d'une ville : mais quels murs pouroient ſe ſoutenir contre les éforts de cette agitation, s'il plaiſoit à Dieu de l'augmenter ? Ce miracle étoit propre à porter l'épouvante, & l'éfroi dans les cœurs des peuples Cananéens. Nous avons une queſtion bien ſimple à vous faire ſur ce que vous ajoutez. A quoi aboutiſſent, demandez-vous, tant de miracles que Dieu opere en faveur de ſon peuple, ſinon à le rendre eſclave des Nations, ce peuple eſt-il aſſervi aux Nations, lorſqu'il eſt fidéle aux Loix de ſon Dieu, ou ſeulement lorſqu'il lui eſt infidéle ? Ce n'eſt que dans ce dernier cas, êtes-vous forcés de répondre, pour ne pas démentir l'Hiſtoire, ſelon les menaces préciſes, qui lui en avoient été faites. Falloit-il donc, pour mériter vos aplaudiſſemens, que Dieu oubliât ſes menaces, pour n'écouter que ſes promeſſes.

Supoſé la vérité du Pentateuque, tout ſe ſuit dans l'Hiſtoire des Iſraélites. Dieu, comme nous l'avons déja obſervé, s'eſt déclaré le Roi de ce peuple : il lui a donné des Loix, il a attaché à l'obſervation de ces Loix, les plus flateuſes promeſſes, & à leur violation, les menaces les plus terribles : il lui a preſcrit le culte qu'il vouloit qu'il lui rendît : il lui a confié le dépôt de ſa Religion, oubliée preſque univerſellement ſur la terre, en lui confiant celui de la grande promeſſe qu'il avoit faite au premier homme après ſa chûte ; car quelle eut pu être la Religion du premier homme, condamné à tant de miſeres après ſa chûte, ſans l'eſpérance d'être délivré de ſes miſeres après cette vie ? mais ſur quoi auroit pû porter cette espérance, sans la promesse d'un Libérateur ? Il ne faut donc pas juger de ce peuple par les régles ordinaires de la conduite de Dieu sur le genre humain. Il est l'objet d'une Providence particuliere. Abandonne-t-il les Loix de son Roi ? Il en est abandonné, & devient la proye des nations voisines. Revient-il à son Roi & reclame-t-il sa miséricorde ? Son Roi lui suscite des hommes extraordinaires, qui l'arrachent de la dure captivité sous laquelle il gémissoit. Il continue de le traiter sous les Rois comme sous les Juges, selon qu'il est fidéle ou infidéle. Il lui envoye des Prophétes pleins de lumieres & de zèle, dont il autorise la mission, souvent par des miracles éclatans, toujours par les prédictions les plus claires d'événemens peu éloignés, dont il étoit témoin, propres conséquenment à lui rendre vénérables leurs prédictions des événemens plus éloignés : enfin, au milieu des plus étranges révolutions par lesquelles il le fait passer, il le conserve jusqu'à l'acomplissement de la grande promesse.

Nous avons dit : suposé la vérité du Pentateuque, tout se suit dans l'Histoire des Israélites. Mais quel fait ancien seroit vrai, si la vérité du Pentateuque pouvoit être suspecte ? C'est un fait apuïé sur le témoignage le plus constant & le plus uniforme de tout un peuple : sur toute la suite de l'Histoire de ce peuple : sur tout l'ordre civile, politique, religieux de ce peuple : sur tous les monumens étrangers parvenus jusqu'à nous, touchant ce peuple. Soupçonnera-t-on l'Auteur du Pentateuque d'en avoir imposé à ses Contemporains ? Ce seroit soupçoner l'impossible. Dans la Genèse, il ne raconte que des événemens dont ses Contemporains pouvoient être aussi instruits que lui-même par leurs peres ; puisqu'entre eux & ces événemens, on compte un si petit nombre de générations. Dans les quatre Livres suivans, de quoi s'agit-il ? De faits sensibles, publics, aussi clairs que les rayons du Soleil.

Dira-t-on que ces quatre Livres n'ont pas été écrits dans le tems des faits qui y sont raportés ? On le dira sans ombre de preuve : la conduite seule du jeune prince Josias, & la seule lecture des premiers Chapitres du

Livre d'Esdras, sufisent pour détruire le recours au Grand-prêtre Helcias, & au Prêtre Esdras comme aux Auteurs d'une telle chimere. Ce recours ne se détruit-il pas par lui-même? L'Auteur des quatre Livres en question, prend à témoins les yeux mêmes de ses Contemporains des événemens qu'il décrit; il leur ordonne des Fêtes, pour en conserver la mémoire; il établit un Ordre de Ministres, qu'il charge de les en instruire eux & leur postérité. Quel imposteur seroit capable de se conduire ainsi? ou quel imposteur, en se conduisant ainsi, pouroit réussir à en imposer à ses Contemporains, ou même aux descendans de ses Contemporains? Comment persuader à des hommes qu'ils voient, ou qu'ils ont vû des faits qu'ils ne voyent point, & qu'ils n'ont pas vû; qu'ils s'engagent à observer des Fêtes en mémoire de faits qui leur sont inconnus; qu'ils reçoivent un Ordre de Ministres, pour les faire ressouvenir eux & leur postérité de faits, dont ils n'ont jamais entendu parler? Comment persuader aux descendans des Contemporains, dans quel tems qu'on l'imagine, qu'ils ont reçu de leurs peres des Livres tout récenment écrits ; qu'ils ont apris de leur bouche des faits qu'on leur propose, pour la premiere fois, à croire ; qu'ils ont vû célébrer, & qu'ils ont célébré eux-mêmes des Fêtes, qu'ils viennent de voir instituer ; qu'ils ont vû respecter, & qu'on leur recommande de respecter un Ordre de Ministres, qui vient d'être établi de leur tems ? Reprenons la suite de vos reproches contre l'Histoire des Israélites.

8°. Selon vous, toute l'Histoire « de Samson semble plus faite pour « amuser l'imagination, que pour « édifier l'esprit. Celles de Josué & « de Jephté semblent barbares. »

Ne perdez point de vûe la vérité du Pentateuque, & vous ne verrez dans l'Histoire de Samson, que celle d'un homme que Dieu suscite & remplit d'une force extraordinaire, pour abatre l'orgueil des ennemis de son peuple, & pour commencer à délivrer ce peuple de leur joug insuportable. Si Josué & Jephté n'agissent que de leur autorité privée, nous vous les abandonons ; mais, s'ils ne sont que les éxécuteurs des arrêts de la ſuprême Juſtice, contre des peuples qui ont porté le crime juſqu'aux derniers excès : comment oſez-vous les condamner ?

« 9°. L'Hiſtoire des Rois eſt un » tiſſu de cruautés & d'aſſaſſinats, » qui fait ſaigner le cœur. Preſque » tous les faits ſont incroyables ; le » premier Roi Juif, Saül, ne trouve » chez ſon peuple que deux épées, » & ſon ſucceſſeur David laiſſe plus » de vingt milliards d'argent comp- » tant. Vous dites que ces Livres » ſont écrits par Dieu même ; vous » ſavez que Dieu ne peut mentir : » donc, ſi un ſeul fait eſt faux, tout » le Livre eſt une impoſture. »

L'Hiſtoire des Rois ofre un grand nombres d'éxemples de la Juſtice de Dieu contre les méchans Rois ; de même que de ſa bonté envers les bons. Quels éfets doivent produire les éxemples du premier genre ſur un bon eſprit ? Eſt-ce de faire frémir la nature ? Non ; mais de l'humilier ſous la main toute-puiſſante d'un Dieu, fidéle à ſes menaces : de même que les éxemples du ſecond genre doivent ſervir à lui rendre la piété aimable. Il n'y a rien de bien étonant, dans l'état où ſont repréſentés les Iſraélites au commencement du Règne de Saül. Il eſt naturel que des ennemis déſarment un peuple ſubjugué, & qui vient de demander un Roi, pour ſecouer un joug intolérable. Quand on conſidere avec attention la fécondité du païs, ou règne David, les conquêtes de ce Prince, les richeſſes des Régions conquiſes, les mines précieuſes de ces Régions, le commerce avec les Tyriens, & les Phéniciens, peuples ſi célèbres dans l'Antiquité, par leur commerce maritime avec tous les peuples de la terre connue, l'économie de ce Prince pendant un long Règne, &c. on n'eſt pas ſi ſurpris des richeſſes immenſes qu'il laiſſe après ſa mort, pour la conſtruction d'un Temple, digne de ſon zèle, pour la gloire de ſon Dieu. Vous n'avez pû ébranler aucun fait. Toutes vos attaques n'ont abouti qu'à rendre, pour ainſi dire, plus palpable leur vérité, & à faire ſentir leur enſemble, qui eſt telle, que les uns, comme des conſéquences, dérivent des autres comme de leur principe. Vous concluez néanmoins, en ſupoſant que

On peut voir D. Calmet, dans ſes Diſſert.

vous en avez démontré la fausseté ; que Dieu n'est pas l'auteur des Livres qui les contiennent. Quelle maniere de raisonner ! Vous finissez vos attaques sur ce sujet par nos Prophétes.

» 10°. Les Prophétes ne sont pas » moins révoltans, pour un homme » qui n'a pas le don de pénétrer le » sens caché & allégorique des Pro» phéties. Il est tout surpris de voir » Jérémie se charger d'un bât & » d'un colier, & qui se fait lier avec » des cordes ; Osée, qui va s'unir » à une femme adultere ; Isaïe, qui » marche tout nud dans la place pu» blique ; Ezéchiel, qui se couche » trois cens quatre-vingt-dix jours » sur le côté gauche, & quarante sur » le côté droit, qui mange un Livre » de parchemin, qui couvre son pain » d'excrémens d'homme, & ensuite » de bouze de vache, &c. certaine» ment, si le Lecteur n'est pas instruit » des usages du païs, & de la ma» niere de prophétiser, il peut crain» dre d'être scandalisé. Et quand il » voit Elisée faire dévorer quarante » enfans par des ours, pour l'avoir » apellé tête-chauve : un châtiment

si peu proportioné à l'ofense, peut «
lui inspirer plus d'horreur que de «
respect. «

Pardonnez-moi donc, si les Li- «
vres Juifs m'ont causé quelque em- «
barras. Je ne veux pas avilir l'objet «
de votre vénération; j'avoue même «
que je peux me tromper sur les «
choses de bienséance & de justice, «
qui ne sont peut-être pas les mêmes «
dans tous les tems; je me dis que «
nos mœurs sont diférentes de celles «
de ces siécles reculés. Mais peut-être «
aussi, la préférence que vous avez «
donnée au Nouveau Testament sur «
l'Ancien, peut servir à justifier mes «
scrupules. Il faut bien que la Loi «
des Juifs ne vous ait pas paru «
bonne, puisque vous l'avez aban- «
donée: car si elle étoit réellement «
bonne, pourquoi ne l'auriez-vous «
pas toujours suivie? Et si elle étoit «
mauvaise, comment étoit-elle di- «
vine? »

Ce ton modeste que vous afectez en parlant de nos Prophétes, est un masque qui tombe de lui-même, pour ne laisser voir que leurs contempteurs. N'y a-t-il dans leurs Ouvrages que ces actions qui vous sur-

prenent ? Tout eſt-il caché & allégorique dans leurs diſcours ? Faut-
il avoir un eſprit bien pénétrant,
pour entendre les Prophéties d'Iſaïe,
Ch. XIII. & XXXIV. ſur la priſe de Babylone, ſur l'état
auquel ſeroit réduite cette grande
Ville, ſur Cyrus qui devoit s'en rendre le maître, & qui eſt nommé par
ſon nom près de deux cens ans avant
ſa naiſſance ? Faut-il avoir un eſprit
bien pénétrant, pour entendre les
Prophéties de Jérémie, ſur la ruine de
Jéruſalem par Nabuchodonoſor, ſur
XXIX. 10. la captivité du peuple Juif, ſur la du-
rée préciſe de cette captivité ? Faut-il
avoir un eſprit bien pénétrant, pour
XXX. 13. entendre Ezéchiel, prédiſant aux
Egyptiens qu'ils tomberoient ſous la
puiſſance d'un Prince étranger, &
qu'ils ne ſeroient plus gouvernés par
un Prince de leur Nation ? Faut-il
avoir un eſprit bien pénétrant pour
II. VII. VIII. XI. entendre Daniel, anonçant la ſuc-
ceſſion de quatre grands Empires,
la deſtruction de celui des Perſes par
un Prince Macédonien, la diviſion
de l'Empire de ce Conquérant en
quatre Monarchies ocupées par des
Princes, qui ne ſeroient point de ſa
race, le tems précis où ſe montre-
roit

roit à la terre le Libérateur promis IX.
au premier homme, après ſa chûte, les caractères de ce Libérateur, les éfets de ſon avénement, &c.

Nierez-vous, que ſi ces Prophéties ſont antérieures aux événemens qu'elles énoncent, elles ne ſoient des preuves ſans replique de l'inſpiration de leurs Auteurs? Quel autre que le ſouverain Maître de l'avenir a pû le dévoiler à leurs yeux? Mais comment pourriez-vous, ſans vous reprocher à vous-même votre menſonge, nier leur antériorité aux événemens qu'elles énoncent? Ce ſeroit nier l'évidence : la plûpart de ces Prophéties n'ont eu leur parfait accompliſſement, que dans des tems où leur ſupoſition étoit impoſſible, tant de la part de l'Egliſe, que de la part de la Synagogue : car ſans un concert entre ces deux Corps, la ſupoſition étoit impoſſible; mais quel concert étoit poſſible entre ces deux Corps : d'un côté, pleins de reſpect pour les Livres des Prophétes, & prêts à répandre leur ſang pour leur défenſe : de l'autre, ſi peu d'acord entr'eux ſur le ſens de ces Livres?

Il y a des figures, des métaphores,

des allégories dans le ſtyle des Prophétes, ſurtout lorſqu'ils parlent du grand Libérateur du genre humain. Qu'y a-t-il en cela qui doive vous étoner? C'eſt le ſtyle des meilleurs Eſprits de leur tems & de leur païs; & d'ailleurs le Libérateur du genre humain ofroit trop de grandeur, pour être anoncé dans un ſtyle ſimple. Mais ſouhaitez-vous de voir s'évanouir toute obſcurité? Raprochez le ſtyle des Prophétes ſur ce ſujet de la lumiere que fourniſſent Jeſus-Chriſt & ſes Apôtres, c'eſt-à-dire, de la naiſſance de Jeſus-Chriſt, de toutes les circonſtances de ſa vie & de ſa mort : en un mot, de l'Evangile, & du ſuccès de la prédication des Apôtres.

Dès qu'il eſt conſtant que nos Prophétes ſont l'organe & la voix de Dieu même, y a-t-il la moindre dificulté à les voir prédire l'avenir au nom du Seigneur par des actions, de même que par leur parole? Les chaînes & les cordes, dont ſe charge
XXVII. Jérémie, pour figurer l'état où alloient tomber pluſieurs Nations, ne ſont-elles pas auſſi expreſſives, & par conſéquent auſſi prophétiques que les paroles mêmes, qu'il employe

pour en expliquer le but & la fin ?
Qu'y-a-il de ſurprenant, que le Seigneur, pour marquer l'infidélité de
Samarie, c'eſt-à-dire ſa proſtitution
à des Idoles, preſcrive à Oſée de I.
prendre pour épouſe une proſtituée ?
La nudité d'Iſaïe, conſiſtante à ôter XX.
de-deſſus ſes reins le ſac qu'il por-
toit, & marcher nud pié, renferme-
t-elle rien de ſi choquant ? N'étoit-
elle pas propre à repréſenter l'état
où alloient être réduits les Egyptiens & les Ethiopiens par Senna- IV.
cherib ?

Nulle dificulté au ſujet du Livre qu'il eſt ordonné à Ezéchiel de manger. Tout ſe paſſe ici en viſion ; ce qu'il y a de réel, c'eſt la conoiſſance que reçoit le Prophéte des arrêts rendus par la Juſtice ſuprême, & qu'il eſt chargé de publier.

Le ſiége de Jéruſalem figuré ſur II. & III.
une brique par le même Prophéte ;
ſon ſommeil durant un certain nombre de jours ſur un côté, & puis ſur
un autre ; le pain dont il ſe doit
nourir cuit dans la cendre de fiante
de bœuf ; tout cela eſt miſtérieux, &
le Seigneur ne lui laiſſe pas ignorer
le miſtere ; ſurtout de cette eſpéce de

pain, pour exprimer la misere extrême, dans laquelle alloient tomber les habitans de Jérusalem durant le siége de cette Place. Pensez-vous de bonne foi qu'Elisée maudisse les enfans qui l'insultent à cause de l'injure faite à sa personne, & non à cause de l'injure faite à son ministere? Qui êtes-vous pour oser condamner le Seigneur qui le venge, en faisant dévorer ces enfans par des Ours? La privation de la vie, pour des enfans qui en connoissent si peu le prix, étoit un petit châtiment pour ces malheureux enfans; ce n'en étoit qu'un grand. mais juste, pour les peres qui les avoient si mal élevés.

IV. Rois, II. 24.

Le Caloyer peut être assez indulgent, pour vous pardonner vos embarras sur les Livres Juifs: N'attendez pas la même indulgence de notre part. Vos embarras sont trop frivoles, pour nous persuader qu'ils soient sérieux. En vain cherchez-vous la justification de vos scrupules dans la préférence qu'il vous plaît de suposer, que nous avons donné au Nouveau Testament sur l'Ancien. Nous reconnoissons la divinité de l'un & de l'autre. Dieu étant un, il ne peut y avoir qu'une ſeule & véritable Religion. La nôtre ne difere point eſſentiellement, ni quant aux Loix, ni quant aux Dogmes, de celle des Patriarches, ni de tous les anciens Juifs éclairés. Nous avons le même Décalogue, dévelopé & éclairci dans le Nouveau Teſtament. Et nous adorons en Jeſus-Chriſt le Fils de Dieu, adoré, & attendu par tous les Juſtes de l'Ancien. C'eſt à cette fin, que ſe raporte tout cet Ancien Teſtament, ou comme promeſſe, ou comme figure, ou comme prédiction. Envisagez ſous ce point de vûe les Loix cérémonielles, & judicielles données aux Iſraélites, & vous ceſſerez de vous perdre dans de puériles raiſonemens. Vous reconoîtrez que ces Loix n'ayant été données que pour la conſervation de la véritable Religion ſur la terre, les premieres en figurant les myſteres de Jeſus-Chriſt, les ſecondes en maintenant en un corps civil le peuple d'où il devoit naître ſelon la chair : elles ſont tombées d'elles-mêmes, lorſque d'un côté la vérité a pris la place de la figure, & de l'autre, lorſque le peuple Juif & tous les autres peuples n'ont plus dû en faire qu'un ſeul.

De quel uſage en éfet pouroit être la Circonciſion, pour diſtinguer les Adorateurs du Dieu vivant, des Adorateurs des Idoles, lorſque le Dieu vivant ſeroit reconnu de toutes les Nations? De quel uſage pouroient être les ſacrifices des animaux, pour reconoître le ſouverain domaine du Dieu du Ciel & de la Terre; lorſque de toute part on immoleroit à ſa gloire une victime pure & ſans tache? De quel uſage pouroient être tant de Loix particulieres relatives au Païs habité par les Iſraélites, à ce Païs lui-même, aux Nations qui les environnoient, & à mille autres circonſtances particulieres, après les changemens qui devoient être les ſuites de la manifeſtation du grand Libérateur?

Le Caloyer. « l'Ancien Teſtament » a ſes dificultés; mais vous m'a» vouez donc que le Nouveau Teſta» ment ne fait pas naître en vous » les mêmes doutes & les mêmes » ſcrupules que l'Ancien. »

On ne ſauroit entendre, ſans perdre patience, ce Caloyer : toutes ses dificultés, qui viennent d'être proposées contre l'Ancien Testament, n'ont pas tiré de lui un seul mot pour sa défense, & il en conclut que son adversaire n'a pas les doutes & les mêmes scrupules sur le Nouveau. Quel personage ! Voïons si l'honête-Homme va se rendre à la conclusion.

L'honête-Homme. Je les ai lus » tous deux avec attention ; mais « soufrez que je vous expose les in- « quiétudes où me jette mon igno- « rance. Vous les plaindrez & vous « les calmerez. «

Je me trouve ici avec des Chré- « tiens Arméniens, qui disent qu'il « n'est pas permis de manger du « Liévre ; avec des Grecs, qui assurent « que le Saint-Esprit ne procéde « point du Fils ; avec des Nestoriens, « qui nient que Marie soit Mere de « Dieu ; avec quelques Latins, qui se « vantent qu'au bout de l'Occident, « les Chrétiens d'Europe pensent tout « autrement que ceux d'Asie & d'A- « frique. Je sais que cinq ou six Sec- « tes en Europe s'anathématisent les « unes les autres ; les Musulmans, qui «

» m'entourent, regardent d'un œil de
» mépris & d'horreur tous ces Chré-
» tiens, que cependant ils tolerent.
» Les Juifs ont également en éxécra-
» tion les Chrétiens & les Musul-
» mans ; les Guébres les méprisent
» tous ; & le peu qui reste de Sa-
» béens ne voudroit manger avec
» aucun de ceux que je vous ai nom-
» més. Le Brame ne peut soufrir ni
» Sabéens, ni Guébres, ni Chrétiens,
» ni Mahométans, ni Juifs. »

Que conclure de l'énumération de toutes ces Sectes qui couvrent la Terre, & de la Division qui régne parmi elles au sujet de la chose la plus intéressante pour l'homme, savoir la maniere dont Dieu veut être honoré pour lui plaire ? Qu'il faut les mépriser toutes, sans en examiner aucune : ce seroit prendre le parti le plus outré. Il est bien clair que ces diverses Sectes étant si oposées les unes aux autres, il n'est pas possible qu'elles soient toutes dans la vérité : mais sont-elles toutes dans l'erreur ? Les Chrétiens prétendent jouir du privilége de posséder la véritable Religion à l'exclusion de tous les

les autres peuples de la Terre. Il eſt certain, que ſi la prétention des Chrétiens eſt inconteſtable, leur Religion eſt la ſeule vraie; parce que Dieu étant un, il ne peut y avoir qu'une ſeule Religion vraie. Eſt-elle donc inconteſtable la prétention des Chrétiens? Qui pourroit en douter, après ce que nous avons dit ſur la vérité de l'Ancien Teſtament? La Religion des Chrétiens eſt démontrée auſſi ancienne que le monde, & apuyée ſur les preuves les plus manifeſtes de divinité: deux caracteres inſéparables de la véritable Religion; parce que d'une part, la Religion étant le premier devoir de l'homme, elle doit être auſſi ancienne que l'homme: & d'une autre part, que Dieu ne peut autoriſer que la vérité par des preuves manifeſtes de divinité. Or ces deux caracteres apartiennent à la ſeule Religion Chrétienne, à l'excluſion de toutes les autres Sectes répandues ſur la terre. Il ne peut donc reſter de dificulté, que par raport aux choix entre ces diférentes Sectes qui ſe diſent Chrétiennes. Le choix n'eſt pas dificile: peut-on s'y tromper? Peut-on ne pas voir que la ſociété, parmi ces Sectes, qui a toujours été, qui demeure toujours sur sa baze; qu'on ne peut pas seulement acuser de s'être séparée d'un autre corps, & dont toutes les autres se sont séparées, portant sur leur front le caractere de leur nouveauté; peut-on ne pas voir, encore un coup, qu'elle est la seule qui soit en possession de la véritable Religion?

» J'ai cent fois souhaité que Jesus-» Christ, en venant s'incarner en » Judée, eut réuni toutes ces Sectes » sous ses Loix. Je me suis demandé » pourquoi, étant Dieu, il n'a pas » usé des droits de la divinité; pour-» quoi en venant nous délivrer du » péché, il nous a laissé dans le pé-» ché; pourquoi en venant éclairer » tous les hommes, il a laissé pres-» que tous les hommes dans l'erreur?

» Je sais que je ne suis rien; je sais » que du fond de mon néant je ne » dois pas intéroger l'Etre des êtres; » mais il m'est permis, comme à Job, » d'élever mes respectueuses plaintes » du sein de ma misere. »

Nous voudrions, comme vous, de tout notre cœur, voir marcher tous les hommes dans les voïes de la vérité & de la juſtice ; mais il ne s'agit ici ni de vos ſouhaits, ni des nôtres. Vos ſouhaits nous ſont ſuſpects, & ne nous paroiſſent qu'un de ces tours inſidieux, pour prévenir le Lecteur en faveur de ce que vous allez dire contre Jeſus-Chriſt. La queſtion entre vous & nous eſt ſi, eu égard à l'état dans lequel nous naiſſons, il y auroit eu de véritables Juſtes ſur la Terre, en cas que Jeſus-Chriſt n'eut pas dû y venir ; & s'il y en auroit en cas qu'il ne fut pas venu ? S'il y en eut ſans la foi en Jeſus-Chriſt, & ſans ſon amour avant ſa manifeſtation ? Si depuis ſa manifeſtation, il y en a eu, ou s'il y en a ſans la foi en lui & ſans ſon amour ? La déciſion dépend uniquement de l'idée qu'on doit avoir d'un homme véritablement juſte.

Un Juſte eſt un homme qui rend à Dieu ce qu'il lui doit, à ſoi-même ce qu'il ſe doit, à ſes ſemblables ce qu'il leur doit : à Dieu, une idée pure & ſaine de ſa perfection, un amour qui le préfere à tout, & qui lui raporte tout comme au principe & à la fin de tout bien, l'adoration tant intérieure qu'extérieure, la ſoumiſſion à ſes ordres, la crainte de ſa justice, la confiance dans sa bonté; l'attente de ses secours, & des biens réservés à la vertu après cette vie: à soi-même, la connoissance de la dignité de son Etre & de sa haute destination, de même que de sa corruption & de sa foiblesse, la modestie & l'humilité, le détachement & le mépris des biens terrestres, la modération dans l'usage de ses sens, la vûe & le désir des biens promis à la vertu dans une autre vie, en ne regardant la présente que comme un tems d'épreuves & de préparation pour la future: à ses semblables, un amour égal à celui qu'il a pour lui-même, tous les services qui dépendent de lui, & qu'il juge propres à contribuer à leur bonheur, soit durant, soit après la vie présente.

Posé cette idée si simple d'un homme véritablement juste; pensez-vous, eu égard à cette ignorance profonde, dans laquelle nous naissons de Dieu & de nos devoirs, aux égaremens de notre imagination, aux penchans funestes de notre volonté, à cet amour aveugle & injuste de nous-mêmes, qui raporte tout à soi, qui se fait le centre de tout, à cette rébelſion continuelle de nos ſens contre la raiſon; penſez-vous qu'il y auroit eu, & qu'il y auroit de véritables Juſtes ſur la Terre; ſi Jesus-Chriſt n'eut pas dû y venir, & qu'il n'y fut pas venu? Que ſans la foi en Jeſus-Chriſt & ſans ſon amour, il y ait eu de véritables Juſtes avant ſa manifeſtation? Que ſans la foi en Jeſus-Chriſt & ſans ſon amour il y en ait eu, ou qu'il y en ait depuis ſa manifeſtation. Où nous montrerez-vous de véritables Juſtes avant la manifeſtation de Jeſus-Chriſt, parmi ces Nations qui ne l'ont point conu? Où nous en montrerez-vous, parmi ces Nations qui ne le conoiſſent pas, ſoit qu'elles aïent rejeté la lumiere qu'il leur a fait ofrir, ſoit qu'après l'avoir reçu, elles y aïent renoncé? *Jeſus-Chriſt eſt la voïe, la vérité, & la vie.*

Etant le Maître des eſprits & des cœurs, il pouvoit ſans doute faire marcher dans la lumiere toutes les Nations : mais il eſt certain qu'avant ſon Incarnation il les a laiſſé preſque toutes marcher dans leurs voïes, & qu'il y en laiſſe encore un grand nombre. Admirons ſa miſéricorde ſur les unes : tremblons à la vûe de ſa juſtice ſur les autres : ſans oſer du fond de notre néant, intéroger l'Etre des êtres, écrions-nous avec l'Apôtre : *O profondeur des richeſſes, que vos jugemens ſont incompréhenſibles : que vos voïes ſont impénétrables !*

Au reſte, les hommes ne peuvent ſe juſtifier à eux-mêmes leur réſiſtance à l'Evangile : ce ſont des ſuperbes qui ne veulent pas s'humilier, pour recevoir les ſublimités qu'on leur anonce : ce ſont des charnels & des ſenſuels, qui ne veulent pas ſe dépouiller de leurs ſens, pour entrer dans les choſes ſpirituelles, où l'on veut les faire entrer : ce ſont des vicieux qui ne peuvent ſoufrir d'être repris par la vérité. Avez-vous de meilleures raiſons à nous opoſer.

» Que voulez-vous que je penſe, » répondez-vous, quand je vois deux » Généalogies de Jeſus, directement » contraire l'une à l'autre ; & que » ces Généalogies ſont ſi diférentes » dans les noms, & dans le nombre » de ſes Ancêtres, ne ſont pourtant » pas la ſienne, mais celle de ſon pere » Joſeph, qui n'eſt pas ſon pere ? »

Il faut avoir vos yeux, pour découvrir quelque contrariété réelle dans les deux Généalogies de Jeſus-

Christ. On peut supofer que les deux Généalogies font de Jofeph, l'une naturelle, l'autre légale. On peut encore très-bien supofer que la premiere est de Jofeph, la feconde de Marie, fa proche parente. Dans l'une & l'autre fupofition, la diverfité des noms des Ancêtres, & l'inégalité de leur nombre, n'ont rien qui doive furprendre : l'auguste famille de David étant tombée dans une grande obfcurité après la captivité de Babylone, les defcendans de ce Prince par Salomon purent avoir affez peu d'empreffement pour fe perpétuer & fe multiplier : au lieu que les defcendans du même Prince par Nathan, n'aïant pas les mêmes raifons, purent fe conduire diverfement. Qu'importe que Jofeph n'eût point de part à la naiffance de Jefus-Chrift ; celui-ci en étoit-il moins de fa famille par Marie fa proche parente, & conftanment de la famille de David, dont les deux branches s'étoient réunies dans Salathiel ?

» Je donne, continuez-vous, la « torture à mon efprit, pour compren- « dre comment un Dieu eft mort fi « inutilement. Je lis les Livres facrés «

» & les Livres prophanes de ces tems-» là ; un de ces Livres ſacrés me dit, » qu'une Etoile nouvelle parut en » Orient, & conduiſit des Mages aux » piés de Dieu qui venoit de naître. » Aucun Livre prophane ne parle de » cet événement, à jamais mémorable, » qui ſemble devoir avoir été aperçu » par la Terre entiere, & marqué » dans les faſtes de tous les Etats. Un » Evangéliſte me dit qu'un Roi nom-» mé Hérode, à qui les Romains, » Maîtres du Monde conu, avoient » donné la Judée, entendit dire que » l'Enfant qui venoit de naître dans » une Etable, devoit être Roi des » Juifs ; mais comment, & à qui, & » ſur quel fondement entendit-il dire » cette étrange nouvelle ? Eſt-il poſ-» ſible que ce Roi, qui n'avoit pas » perdu le ſens, ait imaginé de faire » égorger tous les petits enfans du » Païs, pour enveloper dans le maſ-» ſacre un Enfant obſcur ? Y a-t-il un » exemple ſur la Terre d'une fureur » ſi abominable & ſi inſenſée ?

» J'ouvre l'Hiſtoire de Joſephe, » Auteur preſque Contemporain ; Jo-» ſephe, parent de Mariamne, ſacri-» fiée par Hérode ; Joſephe, énemi naturel de ce Prince; il ne dit pas « un mot de cette aventure, il est « Juif, & il ne parle pas même de ce « Jesus né chez les Juifs. »

Vous donez la torture à votre esprit, pour comprendre comment un Dieu est mort si inutilement. Etes-vous donc si peu versé dans l'Histoire ancienne, pour ignorer l'afreux état où la Terre étoit réduite avant la venue de Jesus-Christ? N'étoit-elle pas couverte des ténébres de l'idolatrie? N'étoit-elle pas inondée des vices, qui en sont la suite naturelle? Jesus-Christ meurt, & il a ataché à sa mort le fruit de sa manifestation. La Terre change de face: L'Evangile est anoncé: le vrai Dieu est conu: la vertu éclate: & dans ce passage des ténébres à la lumiere, des vices à la vertu, vous méconoîtriez les éfets de la mort d'un Dieu!

Aucun Livre prophane ne vous parle de l'aparition de l'Etoile, qui conduisit les Mages aux piés de Jesus-Christ, qui venoit de naître. Vous n'avez donc pas lû Chalcide, ce fameux Philosophe, dans son Comentaire sur le Timée de Platon. Il raconte le fait, presque dans les mêmes termes que Saint Mathieu. Il est vrai qu'il ne vivoit pas du tems de l'événement; mais il ne paroît pas qu'il copie l'Auteur ſacré; c'eſt donc d'après des Auteurs du tems, dont les Ouvrages ne ſont point parvenus juſqu'à nous, qu'il raconte le fait dont il s'agit. Ajoutez que le récit de ce fait ſe trouvant dans un Ouvrage tel que l'Evangile, qui devoit être conu d'une infinité de perſonnes, n'aïant eſſuïé aucune contradiction de la part des Contemporains; leur ſilence, bien loin d'infirmer le témoignage de l'Auteur ſacré, en devient une preuve : car comment cet Auteur eut-il pû échaper à la contradiction de ſes Contemporains, ſi le fait qu'il raporte n'eût été de la derniere certitude?

Auguſte n'avoit pas la même idée que vous de la douceur d'Hérode, il avoit condamné Antipater : mais lorſqu'il eut apris qu'au lieu d'implorer ſa clémence pour ce Fils infortuné, ſon pere l'avoit fait périr; il dit qu'il aimeroit mieux être le porc d'Hérode que ſon enfant. Macrobe, dans ſes Saturnales, raporte ce bon mot imédiatement après avoir raconté le maſſacre des Enfans de

Béthléem; parce que Antipater fut mis à mort dans le même tems.

Macrobe ne doit pas être ſuſpect, il étoit Païen, & d'ailleurs éxact: ſon Ouvrage n'étant qu'un tiſſu d'extraits des Ecrivains Grecs & Latins. Le ſilence de Joſephe mérite ici peu d'atention: il ne fait que copier ſur Hérode, Nicolas de Damas, Panégyriſte de ce Prince. Il faut bien peu le conoître ce Prince, pour ſoupçoner l'Auteur ſacré de l'avoir caſomnié. Ambitieux & jaloux de faire paſſer à ſa poſtérité le Trône, il avoit traité cruellement les Princes Aſmonéens: comment donc voudroit-on qu'il eût épargné un Enfant, dont on lui venoit anoncer la naiſſance à Bethléem comme d'un Roi des Juifs? Comment donc voudroit-on que, pour ne pas manquer ſon coup, il n'eût pas fait maſſacrer tous les Enfans nouvellement nés à Béthléem.

Vous dites que Joſephe ne parle pas même de ce Jeſus né chez les Juifs. Etes-vous donc bien aſſuré qu'une main étrangere a inſéré dans ſes Antiquités Judaïques cet Eloge de Jeſus-Chriſt? « En ce même tems «

Antiq. liv. XVIII. ch. IV.

« étoit Jesus, qui étoit un homme
» sage, si toutefois on doit le considé-
» rer simplement comme un homme,
» tant ses œuvres étoient admirables.
» Il enseignoit ceux qui prenoient
» plaisir à être instruits de la vérité,
» & il fut suivi non-seulement de
» plusieurs Juifs, mais de plusieurs
» Gentils. C'étoit le Christ. Des prin-
» cipaux de notre Nation l'aïant
» acusé devant Pilate, il le fit cruci-
» fier. Ceux qui l'avoient aimé du-
» rant sa vie, ne l'abandonérent pas
» après sa mort. Il leur aparut vi-
» vant & résuscité le troisiéme jour,
» comme les Saints Prophétes l'a-
» voient prédit, & qu'il feroit plu-
» sieurs autres miracles. C'est de lui
» que les Chrétiens, que nous voïons
» encore aujourd'hui, ont tiré leur
» nom »

Pouvez-vous vous persuader que cet éloge ne soit pas de la main de Josephe? Pouvez-vous vous persuader que l'Historien, écrivant dans un tems qu'il y avoit un nombre prodigieux de Chrétiens par tout l'Empire Romain, ait gardé le silence sur un tel sujet? La crainte de se déshonorer aux yeux de ses Contemporains &

de la postérité, sufisoit seule pour le lui faire rompre. Vous devez être peu surpris de ne pas trouver chez lui un plus long détail ; ses préventions Pharisaïques, & encore plus sa basse & impie flaterie qu'il avoit poussé, à l'égard de Vespasien, jusqu'à lui faire l'aplication des Oracles qui regardoient le Messie, ne lui permetoient pas de s'étendre davantage.

» Que d'incertitudes, vous écriez-« vous, m'acablant dans la recherche « importante de ce que je dois ado-« rer, & de ce que je dois croire ? « Je lis les Ecritures, & je n'y vois « nulle part que Jesus, reconu depuis « pour Dieu, se soit jamais apellé « Dieu ; je vois même tout le con-« traire ; il dit que son Pere est plus « grand que lui, que le Pere seul sait « ce que le Fils ignore. Et comment « encore ces mots de Pere & de Fils « se doivent-ils entendre chez un « Peuple ; or par les Fils de Bélial « on vouloit dire les méchans, & « par les Fils de Dieu on désignoit « les hommes Justes ? J'adopte quel-« ques maximes de la Morale de « Jesus, mais quel Législateur ensei-« gna jamais une mauvaise Morale ? «

» Dans quelle Religion l'Adultere, » le Larcin, le Meurtre, l'Imposture, » ne sont-ils pas défendus ? Le res- » pect pour les Parens, l'obéissance » aux Loix, la pratique de toutes les » Vertus expressément ordonée ? »

Les incertitudes qui vous acablent, sont trop volontaires pour exciter notre compassion. Jesus-Christ ne s'est pas apellé Dieu en termes formels ; mais ne l'a-t-il pas fait en termes équivalens, en s'atribuant la même puissance qu'a Dieu son Pere, l'égalité avec lui, la même nature, les mêmes honeurs. Il opere tout ce que son Pere opere. *Mon Pere*, dit-il, *depuis le commencement du monde jusqu'aujourd'hui ne cesse point d'agir* ; & le repos dans lequel il est entré après la création, & qu'il a voulu faire honorer par celui du Sabat, n'empêche ni les opérations de sa puissance dans la conservation de ses ouvrages, ni les opérations de sa Grace dans la justification des ames.
Joan. v. *Et j'agis* aussi incessanment. Pouvoit-il marquer plus clairement, qu'il est un même principe avec lui de ses opérations divines ; par conséquent, qu'il a la même puissance ? Il exprime aussi

clairement ſon égalité avec ſon Pere dans ſa réponſe au Prince des Prêtres. Celui-ci lui demande ; *Etes-vous le Chriſt, Fils du Dieu béni à jamais ? Je le ſuis*, répond Jeſus, *& vous verrez le Fils de l'Homme aſſis à la droite de la Majeſté de Dieu.* Que ſignifient ces paroles, *aſſis à la droite de la Majeſté de Dieu*, ſinon l'égalité la plus parfaite avec Dieu ? Il déclare que *lui & ſon Pere ſont une même choſe* : C'eſt déclarer bien diſertement qu'il a avec lui une même nature, il déclare enfin que tous le doivent honorer *comme ils honorent le Pere* ; mais le titre *de Fils de Dieu, de Fils unique de Dieu*, qu'il prend ſi ſouvent, n'emporte-t-il pas avec ſoi tous les attributs propres à la nature de Dieu ? Eſt-ce que le Fils de Dieu peut ne pas avoir la nature de Dieu ? Et y a-t-il en Dieu deux natures ? Où trouvera-t-on dans nos Ecritures que jamais ce titre auguſte *de Fils de Dieu, de Fils unique de Dieu* ait été apliqué à un homme Juſte ? Eh ! ſi chez le Peuple Juif, il eut été d'uſage de déſigner par-là un homme Juſte ; le Grand-prêtre, après avoir entendu Jeſus-Chriſt ſe l'aproprier, eut-il déchiré ſes habits com-

Marc XIV.

Joan. X.

Joan. V.

me aïant entendu un blaſphême ? Sans doute, dans nos Ecritures les Fils de Bélial déſignoient les méchans, les Fils de Dieu déſignoient les Juſtes : mais encore une fois, nulle part, le terme *de Fils de Dieu, de Fils unique de Dieu* n'eſt apliqué à un homme Juſte. Ce titre eſt incomunicable à tout autre qu'au Fils de Dieu par nature :
Matt. III. 17. au lieu que cette expreſſion *le Fils de Dieu* ne marque que les Enfans de Dieu par adoption en Jeſus-Chriſt,
Luc. IX. 35. *ce Fils Bien-aimé dans lequel Dieu a mis toute ſa complaiſance*, & dans lequel ſeul il peut choiſir & aimer d'autres Énfans.

Opoſer à des preuves ſi énergiques de la Divinité de Jeſus-Chriſt ce qu'il dit en Saint Jean : Mon Pere eſt plus grand que moi ; & en Saint Marc : perſonne ne conoît ce jour, ni les Anges, ni le Fils, mais le Pere ſeul : c'eſt balbutier. Dès que Jeſus-Chriſt eſt Dieu & Homme tout enſemble ; il eſt égal à ſon Pere ſelon ſa Divinité : mais non certes ſelon ſon Humanité. Il ignore de même ce jour arrêté par ſon Pere, non ſelon ſa Divinité, ni même ſelon ſon Humanité unie à ſa Divinité ; mais ſelon

ſon

son Humanité considérée séparément de sa Divinité.

Mais direz-vous pourquoi Jesus-Christ ne s'est-il pas apellé Dieu en termes formels ? Saint Paul en rend une raison bien simple. Avant d'entendre ce grand Apôtre, sondons le mistere de Jesus-Christ. Quelle étoit son œuvre ? C'étoit de mourir pour réparer la violation de l'ordre faite par le péché ; pour satisfaire pleinement à la justice de Dieu ; pour lever ainsi tous les obstacles qui s'oposoient à l'éfusion de sa miséricorde sur le genre humain ; pour détruire l'empire que l'esprit séducteur s'étoit érigé sur la Terre, en s'y faisant rendre les homages dûs à la Divinité ; pour substituer à cet Empire du mensonge & de l'injustice, celui de la vérité & de la justice. Il falloit donc que Jesus-Christ, en se manifestant assez clairement pour les cœurs droits, ne se manifestât qu'obscurément pour les cœurs doubles énemis de la vérité : car, comme le remarque judicieusement Saint Paul, *les Princes de ce monde ne l'eussent jamais crucifié*, s'ils l'avoient conu pour le Seigneur de la Gloire ; mais après que

Luc. I. 31. Joan. I. 29. III. 14. 15. X. 15. XII. 24. 31.

I. Cor. II.

Jesus-Christ a accompli son œuvre ; ses ménagemens, si l'on peut s'exprimer ainsi, pour dérober aux Princes de ce monde la conoissance de sa Divinité, disparoissent.

Ses Apôtres ont ordre de la publier jusqu'aux extrêmités du monde : & tous ceux qui croiront à leurs pa-
Joan. I. roles le conoîtront pour le *Verbe qui*
de tout éternité étoit en Dieu, qui
étoit Dieu, qui a fait toute chose,
I. Ep. I. *pour le Dieu béni dans tous les siécles*,
2. Cor. XI. 31. pour *le Fils de Dieu, le Créateur des*
Heb. I. *siécles, le Conservateur de toutes choses par sa parole, la Splendeur de la gloire de son Pere, & le Caractere*
Tit. II. 13. *de sa substance*, en un mot pour *le Grand Dieu notre Sauveur*.

Le seul crime qu'on reprochera dans la suite à ses Disciples, ce sera
Plin. Ep. XI. de chanter des Hymnes à sa Gloire comme à un Dieu, de croire Dieu un homme crucifié, en même tems qu'ils seront réputés Athées à cause de la profession ouverte qu'ils feront de rejeter la pluralité des Dieux, & de n'en reconoître qu'un seul.

Vous adoptez quelques maximes de la Morale de Jesus, sans spécifier celles qu'il vous plaît d'adopter, &

celles qu'il vous plaît de ne pas adopter; en atendant que vous vous expliquiez là-dessus, nous prononçons hardiment que vous êtes un homme inconséquent : parce que toutes les maximes de la Morale de Jesus, sont tellement liées comme principe évident & comme conséquence nécessaire, qu'on ne sauroit, sans inconséquence, en adopter quelques unes sans les adopter toutes.

Quel Législateur, vous écriez-vous, enseigna jamais une mauvaise Morale? Soit. Mais quel Législateur enseigna jamais une Morale si pure, si sainte, si sublime? Quel Législateur enseigna jamais si distinctement tous les devoirs de l'homme à l'égard de son Créateur, à l'égard de soi-même, à l'égard de ses semblables? En un mot, quel Législateur enseigna jamais une Morale si propre à régler, non-seulement les actions, mais les mouvemens du cœur, si propre à rendre l'homme heureux, si digne de la nature de Dieu, & tout-à-la-fois si digne de la nature de l'homme? Quel Législateur apuïa jamais sa Morale de motifs plus interessans pour un Etre spirituel & immortel? Quel Législateur eut jamais des moïens aussi éficaces de rendre docile à ses Leçons & à ses Loix ? Enfin quel Législateur ofrit dans son sang une ressource contre le désespoir, à ceux qui auroient le malheur de s'écarter de sa Morale.

» Plus je lis, plus mes peines re-
» doublent. Je cherche des prodiges
» dignes d'un Dieu, atestés par l'U-
» nivers. J'ose dire, avec cette naïveté
» douloureuse qui craint de blasphê-
» mer, que les Diables envoïés dans
» les corps d'un troupeau de Co-
» chons; de l'Eau changée en Vin en
» faveur de gens qui étoient ivres;
» un Figuier séché pour n'avoir pas
» porté des Figues avant le tems, &c.
» ne remplissent pas l'idée que je m'é-
» tois faite du Maître de la Nature,
» anonçant & prouvant la vérité par
» des miracles éclatans & utiles. Puis-
» je adorer ce Maître de la Nature dans
» un Juif, qu'on dit transporté par le
» Diable sur le haut d'une Montagne,
» dont on découvre tous les Roïaumes
» de la Terre? »

Vous cherchez des prodiges d'un Dieu dans les prodiges de Jesus-Christ; & vous ne croïez point en voir dans des Diables envoïés dans les

corps d'un troupeau de Cochons ; dans de l'Eau changée en Vin en faveur de gens qui étoient ivres ; dans un Figuier séché pour n'avoir pas porté des Figues avant le tems. Mais si ces prodiges sont du ressort du seul Tout-puissant ; comment ne vous semblent-ils pas dignes d'un Dieu ? Matt. VIII. 28.
Or quel autre que le Tout-puissant peut dominer des Diables, ces substances spirituelles & énemies de l'homme ? Quel autre que le Tout-puissant peut changer l'Eau en Vin par sa parole ? Quel autre que le Tout-puissant peut commander à un Arbre & s'en faire obéir : il n'est donc pas possible de ne pas conoître ici le Maître de la Nature, anonçant & prouvant la vérité par des miracles.

Mais pourquoi refusez-vous de le reconoître ? C'est que ces miracles ne vous paroissent pas utiles. Quoi ? Il n'est pas utile aux hommes de savoir que les Diables sont soumis à la puissance de l'Etre suprême ; & que malgré la volonté qu'ils ont de leur nuire, ils ne peuvent rien sans sa permission ; par conséquent, que lui seul doit être craint & aimé ? Pour ne pas reconoître ici le Maître de la

Nature, anonçant & prouvant la vérité par des prodiges utiles ; il faut être aussi aveuglément ataché aux biens sensibles que les Géraséniens, qui, convaincus de ces prodiges éclatans, au lieu d'en retenir & écouter l'Auteur, le prient de sortir de leur païs, par la crainte que sa présence ne leur causât quelque nouvelle perte. Quoi ? Il n'est pas utile aux hommes de voir la sainteté du Mariage apuïée par des prodiges, contre de faux spirituels qui oseroient le condamner ? Ce que vous ajoutez, au sujet de ce prodige de l'Eau changée en Vin, qui est opéré en faveur de gens qui étoient ivres, est sans fondement ; car outre que le terme *Inebriari* ne signifie pas proprement s'enivrer, mais boire beaucoup ; c'est que le Maître du Festin ne fait pas même l'aplication aux Convives de sa remarque générale. Quoi ? Il n'est pas utile aux hommes d'être instruits de la force de la Foi & de la Priere ? Or qui vous a dit que Jesus-Christ n'avoit pas deséché le Figuier, pour fonder sur ce prodige l'instruction qu'il donne à ses Disciples, au sujet de la force de la

Matt. XI. 19.

Foi & de la Priere; en leur disant, *Si vous avez de la Foi*, &c. Quoi V. 21 & 22.
que ce soit que vous demandiez dans la Priere, &c. Est-ce là que se réduisent tous les prodiges opérés par Jesus-Christ? Pourquoi ne faites-vous aucune mention ni de la vûe rendue aux Aveugles par sa parole, ni de l'ouie rendu aux Sourds, ni de l'usage des membres rendus aux Estropiés, ni de la vie rendue aux Morts, ni de la multiplication des Pains, ni de la délivrance des Possédés, &c. Penseriez-vous donc que ces prodiges ne sont pas propres au seul Maître de la Nature? Quel autre donc que lui peut ainsi disposer des corps par sa parole seule? Penseriez-vous que ces prodiges sont indignes du Maître de la Nature? De quel autre donc que lui, l'homme peut-il atendre des marques de bienfaisance? Penseriez-vous que ces prodiges n'ont point de raport à la fin de l'Incarnation du Maître de la Nature, laquelle étoit de délivrer les hommes de leurs péchés? Est-ce que toutes ces miseres n'étoient pas les éfets du péché? En détruisant donc ces éfets, n'étoit-ce pas anoncer qu'il étoit venu en détruire la cause.

Vous demandez ſi vous pouvez adorer le Maître de la Nature dans un Juif, qu'on dit tranſporté par le Diable ſur le haut d'une Montagne, dont on découvre tous les Roïaumes de la Terre. Pourquoi non ; ſi d'ailleurs il eſt conſtant qu'il ſoit le Fils de Dieu, le Maître de la Nature ? Pourquoi s'étant uni l'Humanité, pour ſauver les hommes par ſa mort, n'auroit-il pas permis à l'énemi des hommes de tranſporter ſon Humanité ſur une haute Montagne, pour découvrir s'il étoit véritablement le Fils de Dieu, comme il venoit d'en recevoir le témoignage dans ſon Bâtême ? Eſt-ce qu'il eſt plus indigne du Fils de Dieu de permetre au Démon qu'il traite ainſi ſon Humanité, que de lui permetre d'outrager tous les jours ſa vérité par la bouche des Libertins ? Jeſus-Chriſt étoit venu pour ſauver les hommes, il falloit donc leur mériter, par ſa victoire ſur l'énemi de leur ſalut, la force de le vaincre eux-mêmes. Il étoit de plus leur Docteur & leur Maître ; il falloit donc leur faire conoître ce Séducteur, qui par ſes artifices avoit cauſé le malheur de leurs

Matt. IV.

premiers

premiers Parens ; leur montrer les armes qu'il emploïe pour leur perte, & leur en fournir pour les repousser. N'est-ce pas là ce que fait Jesus-Christ, en permettant au Démon de le tenter ? Qui peut ne pas regarder le Démon comme l'énemi de son salut, en le voyant tenter l'Auteur même du salut ? Qui peut se croire à l'abri de ses tentations, en lui voyant attaquer le Saint des Saints ? Qui peut ignorer quelles sont les armes qu'emploïe ce séducteur pour nous perdre, en lui voïant attaquer Jesus-Christ par ce qui peut flater les sens, la curiosité, l'orgueil ? Qui peut donc ne pas veiller sans cesse sur ses sens, sur son orgueil, sur sa curiosité ? Enfin, qui peut méconoître les armes qu'il doit oposer à celles de l'énemi de son salut ? Jesus-Christ le surmonte, & nous aprend à le surmonter par la parole de Dieu, qui contient l'arrêt de sa condamnation.

Ces discours sur le Diable, sur les tentations, sur les moyens d'y résister, vous paroissent, sans doute, des contes de vieilles ; mais jusqu'à ce que vous aïez démontré la fausseté de nos Ecritures, vous nous permet-

trez de croire, qu'il n'y a rien de plus réel. C'eſt un fait, qui y eſt clairement ateſté, & dont la poſſibilité d'ailleurs ne ſauroit être conteſtée. On conçoit qu'il peut y avoir des ſubſtances ſpirituelles entierement ſéparées de la matiere; que ces ſubſtances ſpirituelles peuvent agir ſur la matiere, au moins en genre de cauſes ocaſionelles; que de telles ſubſtances peuvent ſe dépraver par leur orgueil; que devenant dès-là même miſérables, elles peuvent devenir jalouſes du bonheur de l'homme, & travailler à l'entraîner dans leurs miſeres; d'où il ſuit qu'elles peuvent agir ſur ſon corps, de même que ſur les corps qui l'environent, & le porter au péché, la ſource de toutes les miſeres. Saint Paul, en parlant de ces malheureuſes ſubſtances, nous avertit qu'elles éxercent leur *pouvoir*
Eph. II. 2. *ſur les Incrédules.* Eſt-il poſſible que ce ne ſoit pas par l'impreſſion d'un eſprit énemi de la vérité & de l'homme, que tant de prétendus Philoſophes blaſphêment de nos jours Jeſus-Chriſt, & ſa vérité? Non il n'eſt pas naturel, que tant de blaſphêmes aïent une autre ſource.

Je lis les paroles qu'on raporte « de lui ; j'y vois une prochaine ari- « vée du Royaume des Cieux, figu- « rée par un grain de moutarde, par « un filet à prendre des poissons, par « de l'argent mis à usure, par un « souper, auquel on fait entrer par « force des borgnes & des boiteux ; « Jesus dit, qu'on ne met point de vin « nouveau dans de vieux tonneaux, « que l'on aime mieux le vin vieux « que le nouveau. Est-ce ainsi que « Dieu parle ? Il anonce expressé- « ment, que dans la génération pro- « chaine, le Fils de l'Homme des- « cendra dans les nuées ; Que signi- « fie le Fils de l'Homme ? Comment « descend-on dans les nuées ? Cette « Prophétie s'est-elle accomplie ?

Que l'homme, si petit par lui-même, tâche de donner quelque relief par des termes pompeux aux choses analogues à sa petitesse ; cela est assez naturel. Mais le langage de Dieu, en présence de la majesté duquel tout n'est rien, peut-il être trop simple ? Reconoissez donc le langage de Dieu dans ces comparaisons emploïées par Jesus-Christ, pour figurer son Eglise, qui est son Royaume ;

Matt. XII. 27. dans la comparaiſon du grain de moutarde, les foibles commencemens de l'Egliſe, puis ſes progrès & ſon étendue immenſe; dans la comparaiſon
Ibid. 47. du filet jeté en mer, & rempli de poiſſons, la fécondité de l'Egliſe, & le mélange de bons & de mauvais qu'elle renferme ſur la terre; dans la comparaiſon de l'argent mis à uſure,
Id. XXV. 27. l'obligation pour chacun de ſes membres, de travailler à faire valoir les graces & les talens qu'il a reçus; dans la comparaiſon du ſouper, cette mê-
Luc. XIV. 16, me Egliſe apellant dans ſon ſein, & forçant d'y entrer, par l'éclat de ſa vérité & de ſa ſainteté, les Nations plongées dans les ténébres de l'erreur, & ſe traînant dans les horreurs du vice.

Il faut être de mauvaiſe humeur, pour juger indignes de Dieu les deux comparaiſons, dont uſe ici Jeſus-Chriſt. On lui demande pourquoi ſes Diſciples ne pratiquent ni jeûne, ni abſtinence, comme ceux de Jean-Baptiſte & des Phariſiens? Il répond d'abord, que tandis qu'ils ont l'époux avec eux, ils ne doivent pas jeûner;
Luc. V. 37. mais, qu'après qu'il leur aura été enlevé, ils jeûneront. Puis il vient aux

deux comparaisons dont il s'agit. Quoi de plus propre que la premiere, pour justifier la condescendance qu'il avoit pour ses Disciples, encore foibles & imparfaits! Quoi de plus propre que la seconde, pour faire comprendre à ces Censeurs, que ses Disciples n'étoient pas encore en état de pratiquer les austérités de la Loi nouvelle, ni de goûter les douceurs de la Pénitence, qu'il étoit venu leur prêcher.

Vous confondez tout dans votre derniere dificulté. Relisez le Chapitre XXIV de Saint Mathieu, d'où vous la tirez, vous verrez bien distinctement deux prédictions : l'une de la ruine de Jérusalem, dont la génération présente des Juifs devoit être témoin : l'autre du second avénement de Jesus-Christ à la fin du monde, pour juger les vivans & les morts, dont la génération des Juifs, non présente, mais conservée & perpétuée jusqu'à ce moment, seroit témoin. Demander ce que c'est que le Fils de l'Homme, qui doit venir sur des nuées, c'est afecter trop d'ignorance. Peut-on avoir lû l'Evangile, & ne pas savoir que Jesus-Christ se défigne fouvent, par un hébraïfme, fous le nom de Fils de l'Homme, pour exprimer l'état d'humiliation & d'anéantiffement, où il s'étoit réduit dans fon Incarnation, pour l'amour des hommes, en fe dépouillant de tout l'éclat dû à fa majefté? Dès qu'il eft indubitable que Jefus-Chrift, dans fon Afcenfion, s'éleva dans le Ciel fur des nuées, où eft la dificulté qu'il ne puiffe en defcendre dans des nuées; & eft-il poffible de douter que fa Prophétie ne foit un jour vérifiée par l'événement?

« Enfin, comment puis-je reconnoître Dieu dans un Juif de la populace, condamné au dernier fuplice, pour avoir mal parlé des Magiftrats à cette populace, & fuant d'une fueur de fang, dans l'angoiffe & dans la frayeur que lui infpiroit la mort? Eft-ce là Platon, eft-ce là Socrate, ou Antonin, ou Epictete, ou Zaleucus, ou Solon, ou Confucius? Qui de tous ces Sages n'a parlé d'une maniere plus conforme aux idées que nous avons de la fageffe? Et comment pouvons-nous juger autrement que par nos idées? »

Vous ne pouvez reconoître Dieu en Jesus-Christ mourant sur une Croix. Quel autre donc qu'un Dieu fait homme peut soufrir la mort pour le salut du monde? Quel autre qu'un Dieu fait homme peut se laisser élever sur une Croix, & y expirer, afin que quiconque croit en lui ne périsse point, & ait la vie éternelle? Quel autre qu'un Dieu fait homme peut se soumettre à la mort, pour délivrer la Terre d'un injuste usurpateur, qui s'y faisoit adorer? Quel autre qu'un Dieu fait homme peut donner sa vie, pour donner à l'Etre suprême des adorateurs éternels en esprit & en vérité? Est-ce pour avoit mal parlé à la populace contre ses Magistrats, que Jesus-Christ, qu'il vous plaît d'apeller ce Juif de la populace, est condamné au dernier suplice? Suivez-le jusqu'aux piés de ses Juges iniques: lui reprochent-ils ce crime? Forcés de reconoître son inocence, ils ont besoin, pour le juger coupable, d'une déclaration expresse de sa Filiation Divine. C'est à ce prétendu blasphême, qu'ils sont contraints de réduire leurs acusations contre lui en présence du Gouverneur Romain; toutes les

Joan. III.

Joan. XII.

Joan. X.

autres ſe détruiſant elles-mêmes. Sa défenſe, contre les cris furieux de ces énemis altérés de ſon ſang, eſt le ſilence. S'il ouvre la bouche, ce n'eſt que pour déclarer que ſon Roïaume n'eſt pas de ce monde, & qu'il eſt venu ſur la terre pour rendre témoignage à la vérité. Pilate reconoît ſon inocence, & toutefois il eſt aſſez lâche pour le condamner. Jeſus-Chriſt eſt donc abandonné à des boureaux ; il eſt flagellé ; on le conduit au lieu de ſon ſuplice ; il anonce aux Filles de Jéruſalem, qui le pleurent, les malheurs qui fondront ſur elles. Le voilà arivé au Calvaire ; il eſt ataché à une Croix ; il y prie pour ſes boureaux ; il rend les derniers ſoupirs : eſt-ce là la mort d'un homme, & non la mort d'un Dieu ?

Conſidérez-en les ſuites ; le Soleil ſe couvre de ténébres ; la terre tremble ; les ſépulcres s'ouvrent ; Jeſus-Chriſt ſort du tombeau ; il ſe fait voir à ſes Diſciples ; il converſe & mange avec eux ; il les inſtruit ; il s'éleve au Ciel en leur préſence : revêtus de la force d'en haut, ils anoncent ſa Mort, ſa Réſurection, ſon Aſcenſion ; ils fondent ſon Roïaume de la Vérité & de la Juſtice ; le Dieu vivant est adoré ; les Juifs ingrats & cruels sont punis ; l'empire du séducteur est renversé ; ses oracles trompeurs se taisent ; ses autels sont détruits : douterez-vous encore si la mort de Jesus-Christ n'est pas la mort d'un Dieu ?

Son état dans le Jardin de Gethsémani vous avoit scandalisé ; il vous y avoit paru trop foible pour un Dieu. Mais s'il s'étoit chargé des péchés du monde ; s'il s'étoit mis à la place de tous les pécheurs, pour satisfaire pleinement à la Justice, qu'ils avoient outragé ; dans quel tremblement, & dans quel saisissement ne devoit pas tomber ce Pénitent universel, en présence de cette Justice infinie, pour en obtenir l'abolition de ses crimes. Par quelle autre voie, plus digne de sa charité, pouvoit-il nous instruire des dispositions où nous devons être, nous les mériter, les rendre dignes d'être agréées & unies à son Sacrifice sur la Croix ? Revenez de l'étonement que vous cause la vûe de la crainte de la mort à laquelle il se livre ; la mort est l'éfet du péché ; la crainte de la mort en est donc une suite ; il s'est chargé du péché ; il eſt donc juſte qu'il en éprouve les ſuites. Mais, en ſe ſoumettant à la volonté de ſon Pere, c'étoit, par ſon éxemple, conſoler les Juſtes, aux aproches de ce dernier moment, &tout-à-la-fois leur aprendre ce qu'ils doivent à la *volonté* de l'Auteut de leur être.

S'il eſt vrai que vous croïez fonder ſur vos idées votre indigne comparaiſon des prétendus Sages, que vous nommez, avec Jeſus-Chriſt. Nous commençons à rougir de nous entretenir avec vous : la ſageſſe ne conſiſte plus dans l'amour de l'ordre, & de la vérité, ni dans la raiſon ; elle n'eſt plus qu'une vaine oſtentation de vertus, de parades, des diſcours bourſouflés, des ſophiſmes artiſtement arrangés.

« Quand je vous ai dit, que j'a» doptois quelques maximes de Jé» ſus, vous avez dû ſentir que je ne » puis les adopter toutes. J'ai été afli» gé en liſant : *Je ſuis venu aporter » le glaive, & non la paix; je ſuis » venu diviſer le fils & le pere, la » fille, la mere & les parens.* Je vous » avoue, que ces paroles m'ont ſaiſi » de douleur & d'éfroi ; & ſi je re» gardois ces paroles comme une Pro-

phétie, je croirois en voir l'acom- «
pliſſement dans les querelles qui «
ont diviſé les Chrétiens dès les «
premiers tems, & dans les guerres «
civiles, qui leur ont mis les armes «
à la main pendant tant de ſiécles. «

Voilà donc pourquoi vous nous diſiez, que vous n'adoptiez pas toutes les maximes de Jéſus. Vous penſez donc ſérieuſement, que Jéſus met le glaive à la main de ſes Diſciples, pour forcer ceux qui refuſeroient de l'être, ou même pour ſe défendre contre ceux qui voudroient les arracher à ſon ſervice. Oh que vous entendez mal le Sauveur! Liſez la ſuite de ſon diſcours, & vous reviendrez de votre douleur & de votre éfroi. Il leur aprend, non ce qu'ils auront à faire ſoufrir, mais ce qu'ils auront à ſoufrir eux-mêmes, s'ils veulent lui demeurer fidéles. Ils doivent le préférer à tout ce qu'ils ont de plus cher, pour être digne de lui: il faut le préférer à tout ce qu'on a de plus cher, prendre ſa Croix, le ſuivre dans les Soufrances & dans ſa Mort. Conſerver ſa vie aux dépens de l'atachement qui lui eſt dû, c'eſt la perdre; la perdre pour ſon amour, c'eſt la conſerver. A quoi

Matth. X. 34. & ſeq.

ſe réduit donc le diſcours de Jéſus-Chriſt ? A préparer ſes Diſciples à la guerre, qu'il y aura toujours entre la Vérité & l'Erreur. Et quelles ſont les armes qu'il leur fournit ? La lumiere de la Parole de Dieu, la douceur, la patience. Quelles ſont les armes de l'Erreur ? Les égaremens de l'imagination, l'entêtement, la violence. L'Erreur a pour principe l'orgueil : donc elle veut dominer : donc elle n'épargnera ni le fer, ni le feu contre la Vérité. Si le Souverain accorde enfin ſa protection à la Vérité, ce n'eſt que pour arrêter l'Erreur dans ſes violences, portée aux derniers excès. Voilà ce que vérifie, non-ſeulement l'Hiſtoire de l'Egliſe, mais l'Hiſtoire de tous les ſiécles, ſur la guerre entre la fauſſe & la véritable Religion. Avez-vous lû avec plus d'atention les Actes des Apôtres ?

» J'avoue encore, que des mouve-» mens d'indignation & de pitié, ſe » ſont élevés dans mon cœur, quand » j'ai vû Pierre & Paul faire aporter » à leurs piés l'argent de leurs Secta-» teurs. Ananie & Saphire ont gardé » quelque choſe pour eux du prix » de leur champ ; ils ne l'ont pas dit ; » & Pierre les punit, en faiſant mou-

rir ſubitement le mari & la femme. «
Hélas! ce n'étoit pas là le miracle «
que j'atendois de ceux qui diſent, «
qu'ils ne veulent pas la mort du «
pécheur, mais ſa converſion. J'ai «
oſé penſer, que ſi Dieu faiſoit des «
miracles, ce ſeroit pour guérir les «
hommes, & non pas pour les tuer; «
ce ſeroit pour les corriger, & non «
pas pour les perdre; qu'il eſt un «
Dieu de miſéricorde, & non un «
tyran homicide. Ce qui m'a le plus «
révolté dans cette Hiſtoire, c'eſt «
que Pierre, ayant fait mourir Ana- «
nie, & voyant venir Saphire ſa «
femme, ne l'avertit pas, ne lui dit «
pas: gardez-vous de réſerver pour «
vous quelques oboles; ſi vous en «
avez, avouez tout, donnez tout, «
craignez le ſort de votre mari; au «
contraire, il la fait tomber dans le «
piége; il ſemble qu'il ſe réjouiſſe «
de fraper une ſeconde victime. Je «
vous avoue que cette avanture m'a «
toujours fait dreſſer les cheveux. «

Ces mouvemens d'indignation & de pitié, qui s'élevent ici dans votre cœur, ſont bien volontaires. Où avez-vous lû, que Pierre & Paul font aporter à leurs piés les biens de leurs

Sectateurs? L'Auteur sacré des Actes nous aprend, Chapitre II & IV, que les Juifs convertis à la Prédication de Saint Pierre, inondés, pour ainsi dire, de l'Esprit de charité qu'ils viennent de recevoir, & n'aïant plus qu'un cœur & qu'une ame, vendent leurs biens, & en aportent le prix aux Apôtres, pour le distribuer à ceux qui en ont besoin; mais il n'insinue nulle part, que ces hommes désintéressés & charitables, se conduisent ainsi par l'ordre des Apôtres. Le discours même que Saint Pierre tient à Ananie, est une preuve du contraire : Comment, lui dit l'Apôtre, conoissant sa fourberie, Satan vous a-t-il tenté, jusqu'à vous faire mentir au Saint-Esprit, & à détourner une partie du prix de ce fond de terre, que vous feignez aporter ici tout entier? Ne demeuroit-il pas toujours à vous, si vous l'aviez voulu garder? Et après même l'avoir vendu, le prix n'en étoit-il pas encore à vous? Mais peut-être, que ce qui vous remplit d'indignation, n'est pas que Pierre & Paul se fassent aporter les biens de leurs Sectateurs: ce n'est peut-être que la mort d'Ananie, qui tombe & rend l'esprit, aïant ouï les paroles de Saint Pierre; mais votre indignation n'est-elle pas digne de toute la nôtre?

Si la mort de ce menteur est un miracle, comme on n'en peut douter : est-ce qu'un miracle peut avoir un autre Auteur que Dieu même? C'est donc contre Dieu même que porte votre indignation. Qu'y a-t-il donc dans ce miracle qui soit incompatible avec l'idée de Dieu? S'il fait des miracles par miséricorde pour le bien des pécheurs: pourquoi n'en feroit-il pas par justice pour leur punition? Fut-il jamais de circonstances plus capables d'en atirer un de ce dernier genre? Il s'agit de l'établissement du culte, par lequel il veut être honoré des hommes jusqu'à la consommation des siécles. La vérité de ce culte ne sauroit donc être trop constatée; la véracité des hommes choisis pour le publier & le répandre, doit donc être au-dessus de tous les soupçons : or la véracité de tels hommes, qui tuent les menteurs par leur parole, peut-elle être portée à un plus haut dégré d'évidence?

Au reste, qui seroit assez hardi

pour décider que le miracle opéré ſur Ananie & Saphire, ne ſoit pas tout-à-la-fois un miracle de miſéricorde & de juſtice ? Qui ſait ſi ces deux coupables d'avoir menti, non aux hommes, mais à Dieu, ne ſentirent pas toute l'énormité de leur crime, ſur le reproche que leur en fit Saint Pierre, ne déteſterent pas leur menſonge de tout leur cœur, & n'accepterent pas la mort, à l'éxemple du bon Laron, comme en étant le juſte châtiment, *digna factis recipimus ?* Des réflexions ſi ſimples ſur Ananie & Saphire, doivent faire reprendre à vos cheveux leur ſituation naturelle. Il n'étoit pas queſtion d'avertir Saphire de ce qui venoit d'arriver à Ananie ; mais uniquement de conſtater la fourberie qu'ils avoient concerté enſemble, pour tenter l'Eſprit du Seigneur, en voulant paroître pauvres & déſintéreſſés, & demeurer véritablement riches. Vous dreſſez contre nous de nouvelles bateries ; ſont-elles plus formidables ?

» Puiſque vous me permettez de » vous expliquer mes penſées, je » continue, & je dis, que je n'ai » trouvé aucune trace du Chriſtianiſme

me dans l'Hiſtoire du Chriſt. Les «
quatre Evangiles, qui nous reſtent, «
ſont en opoſition ſur pluſieurs faits; «
mais ils ateſtent uniformément, que «
Jéſus fut ſoumis à la loi de Moïſe «
depuis le moment de ſa Naiſſance, «
juſqu'à celui de ſa Mort. Tous ſes «
Diſciples fréquenterent la Synago- «
gue; ils prêchoient une Réforme, «
mais ils n'anonçoient pas une Re- «
ligion diférente; les Chrétiens ne «
furent abſolument ſéparés des Juifs «
que long-tems après. Dans quel «
tems précis Dieu voulut-il donc «
qu'on ceſſât d'être Juif & qu'on fût «
Chrétien? Qui ne voit que le tems «
a tout fait, que tous les Dogmes «
ſont venus les uns après les autres? «

Vous ne voïez, dites-vous, aucune trace du Chriſtianiſme dans l'Hiſtoire du Chriſt: preuve que le Chriſtianiſme ne vous eſt guères connu. Vous n'articulez point ces faits, ſur leſquels vous avancez que les quatre Evangiles ſont en opoſition. Eſt-ce par ménagement ou par impuiſſance? On vous défie d'en articuler un ſeul.

Sans doute, Jéſus fut ſoumis à la Loi de Moïſe depuis le commence

ment de sa Naissance, jusqu'à celui de sa Mort. Il dit lui-même,
Matth. V. 17. qu'il étoit venu, non pour la détruire, mais pour l'accomplir. Qui fut en éfet plus fidéle à accomplir la Loi morale ! Il la dévelope, il l'éclaircit, il la dégage de toutes les fausses traditions, dont de prétendus Docteurs avares & superbes l'avoient obscurcie; il fait plus, il l'a fait accomplir, par sa Grace, à ses Disciples. Qui fut encore plus éxact observateur de la Loi cérémonielle? Il l'observe d'autant plus éxactement, qu'il substitue à ses ombres & à ses figures la réalité & la vérité, en établissant une nouvelle Alliance, en répandant de nouvelles lumieres sur les Dogmes, aussi anciens que l'homme, en instituant de nouveaux Sacremens, en éxerçant un nouveau Sacerdoce, en ofrant un nouveau Sacrifice. Tout cela est-il étranger au Christianisme? Comment ne voïez-vous donc aucune trace du Christianisme dans l'Histoire du Christ?

Mais quand la Loi cérémonielle cessa-t-elle d'obliger? Lorsqu'elle cessa d'être figurative; ce qui arriva, lorsque tout ce qu'elle figuroit, eut eu ſon parfait acompliſſement. Quand tout ce qu'elle figuroit eut-il ſon parfait acompliſſement ? A la mort de Jeſus-Chriſt, comme l'avoit prédit Daniel, Chapitre IX. Le grand Prophéte, ſemblable à Moïſe, que Dieu devoit ſuſciter du milieu des Juifs, avoit paru : il falloit l'écouter, ſous peine des plus terribles châtimens. Deut. XVIII.

Que ſuit-il de ces vérités ? Que la Loi cérémonielle aïant Dieu pour Auteur, Jeſus-Chriſt dût s'y conformer pendant ſa vie, puiſqu'il étoit venu pour faire la volonté de ſon Pere. Que ſuit-il encore ? Que Dieu, n'aïant donné cette Loi que pour figurer les Myſteres de ſon Fils, les Apôtres, après l'acompliſſement de ces Myſteres, ne dûrent plus la regarder comme ſubſiſtante & obligatoire ; & qu'ils dûrent s'opoſer à ceux qui prétendoient que l'obſervation en étoit néceſſaire : c'eſt ce qu'ils firent, aſſemblés au Concile de Jéruſalem. Que ſuit-il encore ? Que cette Loi, ne renfermant rien en ſoi de contraire à la Loi naturelle, & étant encore en vigueur parmi les Juifs, les Apôtres pûrent la pratiquer en certaines ocaſions, comme Act. XV. Ep. ad Gal. Coloſſ. II.

une Loi humaine, avant la destruction de Jérusalem & du Temple. Que suit-il enfin ? Que les Apôtres prêchoient, d'après leur Maître, la réforme des abus introduits dans la Religion Juive ; mais nullement la réforme de cette Religion, que leur Maître avoit prêchée lui-même, qui avoit été promise dès le commencement du monde, qui avoit été figurée par la Loi & prédite par les Prophétes. Dans tous les tems, les Justes avoient pratiqué les Loix, avoient cru les Dogmes, avoient espéré les biens que les Apôtres anonçoient. Qu'anonçoient en éfet les Apôtres, sinon Jesus-Christ, comme étant venu pour le salut du Genre humain ? Qu'avoient cru, & qu'avoient espéré les anciens Justes, sinon Jesus-Christ, comme devant venir pour le salut du Genre humain ?

Ils voioient dans l'Alliance que Dieu avoit contractée avec eux, sous la condition qu'ils lui seroient fidéles, l'Alliance nouvelle, qui devoit être établie par le grand Médiateur, en se chargeant lui-même d'acomplir la condition, en gravant sa Loi dans les cœurs, & en faisant marcher dans ses

Jerem. XXXI. 33. Ez. XXXVI. 27.

préceptes. Ils voïoient dans les pro- Is. LXIV. 4.
messes, & dans les menaces temporelles des biens plus réels & plus excellens, des biens éternels. Ils voïoient dans le Sacerdoce d'Aaron, Ps. CIX. &
le Sacerdoce d'un Prêtre éternel, selon XXXIX.
l'ordre de Melchisedech, s'ofrant lui-même, entrant dans le monde, & continuant de s'ofrir dans le Ciel à Dieu, à la place des victimes & des holocaustes. Ils voïoient dans les Eaux Ez. XXXVI.
lustrales, la Grace, éclairant les es- 25.
prits, & purifiant les consciences. Ils voïoient dans les sacrifices des Ps. XXXIX
Animaux, une Hostie d'un mérite & XXI.
infini, Jesus-Christ s'immolant lui-même à la Gloire de Dieu, pour le salut du monde. Concluons donc, que le tems n'à rien fait, & que les Dogmes ne sont point venus les uns après les autres. Il n'y a que des Ignorans du plus bas ordre, ou des énemis de la Religion Juive & Chrétienne, qui soient capables de se refuser à notre conclusion.

Si Jesus, continuez-vous, avoit « voulu établir une Eglise Chrétien- « ne, n'en eut-il pas enseigné les Loix ? « N'auroit-il pas lui-même établi tous « les Rits ? N'auroit-il pas anoncé les «

» ſept Sacremens dont il ne parle pas ? » N'auroit-il pas dit, je ſuis Dieu, » engendré & non fait ; le Saint-» Eſprit procéde de mon Pere, ſans » être engendré ; j'ai deux volontés » & une perſonne, ma Mere eſt » Mere de Dieu ? Au contraire, il » dit à ſa Mere : *Femme, qu'y a-t-il » entre vous & moi ?* Il n'établit ni » Dogme, ni Rit, ni Hiérarchie ; ce » n'eſt donc pas lui qui a fait ſa » Religion. »

N'éxiſte-t-elle pas cette Egliſe Chrétienne ? Qui l'a établie, ſi ce n'eſt Jeſus-Chriſt, ſelon ſa promeſſe ? (Math. XVI. 18.) Peut-elle même avoir un autre Fondateur, au milieu du monde idolâtre, dont elle eut à ſoutenir dès ſon berceau toutes les violences ? Par quelle autre voïe, que par ſa protection toute puiſſante, ſubſiſte-t-elle depuis tant de ſiécles, au milieu de tant d'énemis ? Conoît-elle d'autres Loix que celles qui ſont ſorties de ſa bouche divine ? N'eſt-ce pas de ſa main qu'elle a reçu ſes Dogmes, ſes Rits & ſes Sacremens, le Bâtême, (Math. XXVIII.) l'Euchariſtie, (Math. XXVI. Marc XIV. Luc XXII.) la Pénitence, Jean. XX. 22. l'Ordre, Ibid. 21. la Confirmation Act. VIII. le Mariage, Math. XVI. Jac. VI ?

N'a-t-il pas dit, qu'il étoit le Fils unique de Dieu ; c'est-à-dire, l'unique engendré, par conséquent non fait ? Ne dit-il pas, que le Saint-Esprit procéde du Pere & de lui, par conséquent qu'il n'est pas engendré ; puisque d'un côté, il se qualifie seul de l'être, & de l'autre, qu'il ne se qualifie jamais du titre de Pere ? Ne s'atribue-t-il pas la volonté divine, quand il assure, qu'il fait tout ce que fait son Pere ? Ne s'atribue-t-il pas la volonté humaine, quand il demande à son Pere que sa volonté se fasse, & non la sienne ? D'ailleurs, étant Dieu & Homme, peut-il manquer de ce qui est essentiel à Dieu & à l'Homme ? Pouvoit-il nous enseigner plus clairement, qu'il n'y a pas en lui deux moi, mais un seul ; qu'en s'apropriant tout ce qui convient à la nature divine & à la nature humaine ? Est-ce que, s'il est le Fils de Dieu, sa Mere peut n'être pas la Mere de Dieu ? L'avertir qu'il ne tient pas d'elle la puissance des miracles, mais de son Pere, duquel il tient sa nature, est-ce nier qu'elle soit sa Mere ? Il établit donc Dogme, Rit, Hiérarchie. Donc votre conclusion est la fausseté même.

Joan. III.

Joan. XV. XVI.

Au reste, pour connoître les Dogmes, les Rits, &c. qui viennent de Jesus-Christ, outre les Evangiles & les Ecrits des Apôtres, la Tradition de l'Eglise est pour nous une source infaillible de lumieres. Cette Tradition remonte-t-elle jusqu'aux Apôtres ? Nous sommes dès-là-même assuré qu'elle a Jesus-Christ pour Auteur. Le bon sens seul nous persuade, qu'il n'est pas possible que tant d'Eglises particulieres, fondées dès l'origine, en tant de lieux divers de la Terre, soient convenues ensemble, ou de recevoir, comme venant des Apôtres, une Doctrine qu'elles n'en auroient pas reçue, ou de donner, comme venant d'eux, une Doctrine qu'elles auroient sû n'en pas venir. Rien n'empêche que l'Eglise, pour faire sentir les éfets admirables des Rits établis par Jesus-Christ, n'ait pas pû ajouter diverses Cérémonies.

» Quand les premiers Dogmes » commencent à s'établir, je vois » les Chrétiens soutenir ces Dogmes » par des Livres suposés ; ils imputent » aux Sibylles des Vers Acrostiches » sur le Christianisme ; ils forgent des » Histoires, des Prodiges dont l'ab- » surdité

ſurdité eſt palpable. Telle eſt, par « exemple, l'Hiſtoire de la nouvelle « Ville de Jéruſalem bâtie dans l'air, « dont les murailles avoient cinquante « lieues de hauteur; qui ſe promenoit « ſur l'horiſon pendant toute la nuit, « & qui diſparoiſſoit au point du jour. «

Que de miracles puériles on a « forgés! Que de faux Martirs! Que « de légendes abſurdes! *Portenta Judaïca rides.* Et quel a été le but & la « fin de toutes ces groſſieres impoſtu- « res? De dominer ſur les eſprits, « d'inſulter à la crédulité des idiots, « de ravir leurs biens, d'élever des « Palais ſur les débris des maſures des « Pauvres, de commander avec or- « gueil, en prêchant l'humilité; d'a- « voir à ſes ordres plus de Soldats que « de Prêtres; de condamner à la mort, « du fond d'un Palais ſuperbe, l'indi- « gent qui oſe élever les yeux & la « voix contre le faſte & le luxe des « impoſteurs, engraiſſés du ſang des « miſérables. Liſez ſeulement l'Hiſ- « toire de l'Egliſe Chrétienne, vous « frémirez d'horreur, & vous pleu- « rerez ſur le genre humain. »

Vaines déclamations, qui ne peu- vent trouver de priſe que ſur des ames vicieuſes, intéreſſées à ſecouer le joug d'une Religion énemie de leurs paſſions. Dès le ſecond ſiécle de l'Egliſe, & peut-être dès la fin du premier, il y eut des Livres ſupoſés aux Docteurs de la vérité, par des Maîtres d'erreurs: bientôt des hommes, plus zélés qu'éclairés, prêterent aux Sibylles des prédictions en faveur du Chriſtianiſme: on répandit des Hiſtoires & des Prodiges abſurdes, principalement dans les Livres ſupoſés: dès les mêmes tems, il y eut ſans doute de faux Miracles, de faux Actes de Martirs, de fauſſes Légendes: il n'eſt pas douteux non plus, que le but & la fin des impoſteurs de ces tems-là, ne fut de dominer ſur les eſprits, d'inſulter à la crédulité des idiots, de ravir leurs biens, &c. il n'eſt pas douteux non plus que dans la ſuite des ſiécles de l'Egliſe, il ne ſe ſoit trouvé des hommes d'un caractere ſi déteſtable, en un mot, des hommes qui méritent d'être peints de toutes vos couleurs.

Mais l'Egliſe n'eſt-elle en poſſeſſion que de Livres ſupoſés, de fauſſes Hiſtoires, de faux Prodiges, de faux Actes de Martirs, de fauſſes

Légendes ? N'a-t-elle eu pour maîtres & pour Pasteurs que des imposteurs, uniquement occupés à dominer sur les esprits, à insulter à la crédulité des idiots, à ravir leurs biens, &c. ? Voilà ce qu'il faudroit prouver, avant de déclamer contre la Religion. Nous ne pensons pas, malgré ce ton insultant, que vous osiez le tenter. Vous assurez, que dans les premiers siécles de l'Eglise, il y eut des Livres suposés, comment le savez-vous ? N'est-ce pas par la Tradition de cette Eglise même ? Y a-t-il une autre voïe que la Tradition, pour discerner les Ouvrages anciens suposés & autentiques ? Ou pour faire le discernement des Ouvrages dont il s'agit, y a-t-il une autre Tradition que celle de l'Eglise même ? N'y a-t-il donc pas une sorte de folie à recevoir la Tradition de l'Eglise sur des Livres suposés, dans les premiers siécles de son éxistence ; & à la rejetter sur les Livres autentiques, qu'elle reconnoît pour tels, & qu'elle a toujours reconnus ?

Hé ! Pourquoi n'a-t-elle point admis comme autentique tant de Livres suposés, si ce n'est parce qu'elle en ignoroit les Auteurs, ou qu'elle les regardoit comme des maîtres d'erreurs ? Pourquoi a-t-elle admis dès le commencement comme autentiques les Livres qu'elle admet encore aujourd'hui, si ce n'est parce qu'elle en connoissoit les Auteurs, & qu'elle les regardoit comme les Docteurs de la vérité ? Et certes cette Eglise établie avant ces Livres, ne pouvoit méconnoître des Ecrivains, qui écrivoient au milieu d'elle, & pour elle, ni être exposée à aucune illusion sur la Doctrine, & sur les faits contenus dans ces Livres ; étant instruite de tout avant qu'ils parussent : comment donc osez-vous dire que quand nos Dogmes commencerent à s'établir, vous voïez les Chrétiens soutenir ces Dogmes par des Livres suposés ? En voïant toutes les Eglises fondées par les Apôtres, éclairées par eux, attentives à se nourir de la lecture de ces Livres divins dans leurs Assemblées, & rejetant avec horreur tous les Livres des faussaires.

Si la Tradition est l'unique moïen de s'assurer de la réalité des faits anciens ; en vous abandonnant un grand nombre de Prodiges, de Martirs, de Légendes, fondées sur des traditions obſcures & populaires, qui ne remontent pas juſqu'à l'origine des faits qu'elles ateſtent ; quelle multitude de vrais Prodiges, de Martirs, de vrais Légendes ne nous reſtera-t-il pas, fondés ſur les traditions les plus conſtantes, les plus uniformes, qui remontent juſqu'à l'origine des faits qu'elles ateſtent ?

Ne nous écartons point du principe, qui doit nous guider dans nos Jugemens, ſur la vérité ou ſur la fauſſeté des faits anciens : quelle ſuite admirable de grands Hommes, de Paſteurs éclairés, déſintéreſſés, animés du ſeul zèle de l'amour de la vérité, & du ſalut de leurs Ouailles, dans les ſix premiers ſiécles preſque entiers de l'Egliſe ! Si après l'irruption des Barbares dans l'Empire Romain, & le démembrement de cet Empire, on voit dans l'Egliſe, avec un grand nombre d'Hommes éminens en lumieres & en vertus, tant de Paſteurs ambitieux, intéreſſés, guerriers, en un mot tels que vous les dépeignez ; quelle conſéquence en tirerez-vous, ſinon, que parmi les Chefs de l'Egliſe, il y a eu des violateurs des Loix de ſon Chef, qui ne

défend rien plus expressément à ses
Math. XX Apôtres que la domination, & qui
25. ne prescrit rien plus formellement
1. Pet. V. 3. que la modestie. Vous terminez vos
déclamations, en nous exhortant à
lire l'Histoire de l'Eglise Chrétienne :
nous nous rendons avec empresse-
ment à votre exhortation. Nous y
voïons sans doute des scandales, qui
nous remplissent d'horreur, & qui
nous font pleurer sur les miseres du
genre humain : nous sommes néanmoins peu surpris de voir des scandales prédits par Jesus-Christ, & par
Math. VII. ses Apôtres, dans une Société si nom-
15. Luc XIII. breuse, établie au milieu d'un monde
27. Act. XX. anathématisé par Jesus-Christ, à cause
2 Tim. III. de ses scandales. Ce qui étone, c'est
2. Ep. Pet. d'y voir une profession constante &
II. 1. Ep. Joan. non interrompue des mêmes Dog-
Ep. Jud. Matth. mes, des mêmes Rits, de la même
XVIII. 7. Hiérarchie, de même qu'une succes-
sion d'Hommes éclairés & vertueux.
Nous nous écrions alors, comme ra-
vis d'admiration, en nous adressant à
Jesus-Christ : vous aviez promis de
bâtir une Eglise, contre laquelle ne
prévaudront jamais les portes de
l'Enfer : oh que vous êtes fidéle à
vos promesses !

Le Caloyer. Je ſuis forcé de convenir d'une partie de ce que vous dites ; mais enfin, convenez auſſi que parmi tant de crimes, il y a eu de grandes vertus. Faut-il que les abus vous aigriſſent, & que les bonnes Loix ne vous touchent pas ? Ajoutez à ces bonnes Loix des miracles, qui ſont la preuve de la Divinité de Jeſus-Chriſt.

L'honête-Homme. Des miracles ? Juſte Ciel ! & quelle Religion n'a pas ſes miracles ? Tout eſt prodige dans l'Antiquité. Quoi ! Vous ne croïez pas aux miracles raportés par les Hérodotes & les Tite-Lives, par cent Auteurs, reſpectés des Nations, & vous croïez à des Aventures de la Paleſtine, racontées, dit-on, par Jean & par Marc, dans les Livres ignorés pendant trois cens ans chez les Grecs & les Romains ; dans des Livres faits, ſans doute, après la deſtruction de Jéruſalem, comme il eſt prouvé par ces Livres mêmes, qui fourmillent de contradictions à chaque page ? Par éxemple, il eſt dit dans l'Evangile de Saint Mathieu que le ſang de Zacha-

» rie, fils de Barac, massacré entre le
» Temple & l'Autel, retombera sur
» les Juifs. Or on voit dans l'Histoire
» de Flavien Josephe, que ce Zacharie
» fut tué en éfet entre le Temple &
» l'Autel, pendant le siége de Jérusa-
» lem par Titus. Donc cet Evangile
» ne fut écrit qu'après Titus. Et pour-
» quoi Dieu auroit-il fait ces miracles,
» pour être condamné à la potence
» chez les Juifs? Quoi! il auroit res-
» suscité des Morts, & il n'en eut
» recueilli d'autre fruit que de mou-
» rir lui-même, & de mourir du der-
» nier suplice? S'il eut opéré ces pro-
» diges, ç'eût été pour faire conoître
» sa Divinité. Songez-vous bien ce
» que c'est que d'accuser Dieu de s'ê-
» tre fait homme inutilement, & d'a-
» voir ressuscité des Morts pour être
» pendu? Quoi des milliers de mira-
» cles en faveur des Juifs, pour les
» rendre esclaves, & des miracles de
» Jesus, pour faire mourir Jesus en
» croix. Ah pardonnez-moi de fré-
» mir & de douter. »

Avouez que le Caloyer est un Controversiste commode. Il vous sert selon vos désirs, en vous ramenant aux miracles. Quelle ample matiere à vos déclamations ! Ajoutez, vous dit-il, à tant de bonnes Loix des miracles, qui sont la preuve de la Divinité de Jesus-Christ. Des miracles ? Vous écriez-vous aussi-tôt, juste Ciel ! Quelle Religion n'a pas ses miracles ?

Dites-nous donc, quelle Religion peut être comparée à la nôtre, soit du côté de l'ancienneté, soit du côté de l'objet de son culte, soit du côté de sa morale, soit du côté de sa fin ? Notre Religion, aussi ancienne que le Monde, n'a pour objet de ses adorations que l'esprit souverainement parfait, Créateur du Ciel & de la Terre ; elle ne prescrit rien moins par ses Loix à ses Sectateurs, que de travailler à se rendre semblable à cet Etre souverainement parfait ; elle ne propose rien moins, pour récompense de leurs éforts, que la possession même éternelle de ce bien inéfable. Qu'est-ce que toutes les autres Religions, multipliées à l'infini sur la Terre ? Enfantées par les sens & par l'imagination, elles n'ont donné à l'homme, pour objet de son culte, que des créatures ou plus viles que lui, ou plus méchantes ; toutes favorisent ses penchans les plus honteux, & qui le raprochent plus des brutes ; & quelle récompense lui ofrent-elles ? Des plaisirs sensuels. Quelle autre Religion que la Chrétienne a donc pu être autorisée par des miracles divins ? L'Etre suprême, aïant créé l'homme pour en être honoré, lui enseigna la maniere dont il vouloit l'être pour lui plaire : il étoit de sa gloire de perpétuer son bienfait. Après l'oubli & les égaremens, ausquels se livrerent presque toutes les Nations dans la suite, n'étoit-il pas de sa gloire de renouveller son bienfait, & de le conserver jusqu'à l'avénement du Docteur universel, qu'il avoit promis au premier homme d'envoïer, & qui devoit lui donner en sa personne des adorateurs éternels en esprit & en vérité ?

Non, nous ne croïons pas aux miracles raportés par Hérodote, & par Tite-Live ; parce que ces Ecrivains ne se donnent pas pour Témoins oculaires de ces miracles ; qu'ils n'en garantissent pas la réalité ; qu'ils ne les raportent que sur des bruits populaires, ou d'après des récits de personnes intéressées à les débiter ; que la plupart de ces faits ſont des éfets naturels, traveſtis en miracles, par l'ignorance de la bonne Phyſique ; nous ne vous empêchons pas de croire à ces miracles ; mais nous vous plaindrions, ſi en conſéquence de votre foi, vous vous croïez obligé d'adopter la Religion des Hérodote ou de Tite-Live ; eſt-ce que ces miracles s'operent pour autoriſer leur Religion ? Et quand ils ſeroient opérés pour cette fin, feroient-ils preuve ? Quel intérêt, s'il eſt permis d'uſer de ce terme, voudriez-vous que Dieu prit à des miracles, qui ne ſont point opérés à l'invocation de ſon nom ? Hors l'unique & véritable Religion, nul miracle de ce dernier genre. Nul miracle même dans les fauſſes, de la part de leurs Inſtituteurs. Leurs Sectateurs ont bien pu ſe vanter d'en faire : mais c'étoit aux Inſtituteurs à prouver leur miſſion divine.

Oui, nous croïons aux Aventures de la Paleſtine, racontées par Mathieu, Marc, Luc, Jean, dans leurs Livres : parce que, nous ne pouvons d'un côté, refuſer au ſouverain Maître de la Nature la puiſſance d'opérer de tels prodiges ; & de l'autre, douter qu'il ne les ait éfectivement opérés. L'autenticité des Livres où sont racontés ces prodiges, est démontrée; deux Auteurs de ces Livres se disent Témoins oculaires de ce qu'ils racontent : les deux autres se disent Contemporains des Témoins oculaires des mêmes faits : tous les caracteres qui peuvent mériter notre confiance, se réunissent en eux; la simplicité, la candeur, la modération, le bon sens : à leur apui viennent des écrits de deux de ces Historiens, avec les Epîtres de Paul, Pierre, &c. Ecrits dont il n'est pas possible de douter de l'autenticité & de la vérité : enfin les éfets de ces miracles sur la Terre; des miracles du même genre continués durant plus de trois siécles; & ce qui est plus miraculeux que les miracles mêmes, le changement d'opinions, d'inclinations & de conduite dans une infinité de personnes. Nous ferez-vous encore un crime de croire aux Aventures de la Palestine? Vous avancez, que nos Evangiles ont été ignorés pendant trois cens ans chez les Grecs & les Romains. Comment votre conscience a-t-elle permis à votre bouche, de prononcer un tel mensonge? N'est-ce qu'après trois cens ans qu'il y eut des Chrétiens répandus dans les trois parties de la Terre connue? N'y en avoit-il pas à Rome même, selon Tacite, une multitude sous le régne de Néron? N'est-ce pas avant ce régne même; ou sous ce régne, que le grand Apôtre des Nations, qui avoit fondé tant d'Eglises, parle de l'Evangile comme d'un Livre connu des Eglises? N'est-ce qu'après trois cens ans que vivoient les Justin, les Irénée, les Tertulien? N'étoit-ce pas nos quatre Evangiles qu'on lisoit, selon Saint Justin, dans les assemblées des Chrétiens? Ne sont-ce pas nos quatre Evangiles dont Saint Irénée assure qu'ils éclairoient toute la Terre comme le Soleil? N'est-ce pas par l'antiquité de nos Evangiles que Tertulien convainquoit de fausseté tous les prétendus Evangiles des Hérétiques? Et qui ne sait que la plupart de ces Hérétiques oserent se montrer dès le vivant des Apôtres?

Rom. XVI. 25. 2. Cor. VIII. 18.

L. de Prescrip.

Quand on vous accorderoit, que nos trois premiers Evangiles ne parurent qu'après la destruction de Jérusalem; qu'en concluriez-vous contre la vérité des faits rélatés dans ces

Ouvrages ? Eſt-ce que les faits les plus décisifs ne ſe trouvent pas dans les Epîtres Canoniques conſtanment antérieures à la deſtruction de Jéruſalem ? De plus, dès qu'il y avoit des Egliſes établies avant cette époque, à Jéruſalem, à Rome, à Corinthe, à Ephéſe, &c. en un mot, une multitude de Chrétiens répandus dans tout l'Empire Romain, pouriez-vous ſoupçonner les Evangéliſtes d'avoir voulu en impoſer à leurs Contemporains ? Il faudroit ſupoſer que leurs Contemporains n'euſſent eu aucun commerce avec les Fidéles, qui avoient vécu avant & après la ruine de Jéruſalem juſqu'à eux : car n'auroit-il pas ſuffi à ces Contemporains, pour s'inſcrire en faux contre les faits raportés

1. Cor. XII. XIV. par les Evangéliſtes, qu'ils n'en euſſent jamais oui parler par leurs Prédéceſſeurs ?

Ce moïen, ſi naturel, n'étoit pas le ſeul qu'avoient, après la ruine de Jéruſalem, les Egliſes Chrétiennes répandues dans toute la Terre connue, de s'aſſurer de la vérité des Evangiles : elles en trouvoient un autre, encore plus naturel, dans les Evangiles mêmes. Ce que nous avançons ici vous étone? Ouvrez ces Evangiles: quelles sont les promesses qui y sont mises à la bouche de Jesus-Christ en faveur de ceux qui croiront en lui? Outre le pouvoir que Jesus-Christ donne à ses Apôtres sur les Démons, & sur les Maladies; il promet en termes clairs, avant d'aller à la mort, que celui qui *croit* en lui *fera les œuvres* qu'il fait, c'est-à-dire ses miracles, & *qu'il en fera encore de plus grandes; parce qu*'il va *à son Pere*. Il ne s'explique pas moins clairement, avant de monter au Ciel: *Celui*, dit-il, *qui croira, & qui sera bâtisé, sera sauvé; & celui qui ne croira point sera condamné*. Et voici les miracles qui acompagneront *ceux qui auront crû; ils chasseront les Démons en mon nom; ils parleront de nouvelles Langues; ils prendront les serpens; & s'ils boivent quelque breuvage mortel, il ne leur sera point de mal; ils mettront les mains sur les malades, & les malades seront guéris*.

Luc. IX. 1.

Joan. XIV. 12.

Marc XVI. 16. & seq.

Là-dessus raisonnons: ou, après la ruine de Jérusalem, les Eglises Chrétiennes voïoient au milieu d'elles l'acomplissement de ces promesses magnifiques: ou elles ne le voïoient pas;

dans le premier cas, la vérité des Evangiles n'étoit-elle pas visible à leurs yeux? Leur étoit-il plus possible de douter des œuvres admirables de Jésus-Christ, qu'aux Juifs, qui en avoient été témoins? Les œuvres qu'elles voïoient, non-seulement retraçoient à leurs yeux celles de Jésus-Christ; mais comme elles en étoient les éfets, elles leur manifestoient d'une maniere palpable sa puissance & sa gloire. Dans le second cas, c'est-à-dire, si dans les Eglises Chrétiennes on ne voïoit personne qui chassât les Démons, qui parlât de nouvelles Langues, qui guérit les malades par l'imposition des mains: en un mot, qui n'opérât aucun prodige, au nom de Jésus-Christ ressuscité, & monté au Ciel; peut-on suposer qu'il y eût eu des hommes assez dépourvus de sens, pour prêter à Jésus-Christ des promesses si insensées? Ou, s'il y en eût eu, à qui une imposture si grossiere eut-elle pû échaper? quelle Eglise eût pû subsister un moment? Quel Particulier, assez énemi de lui-même, de sa raison, de son repos, de sa vie, eût voulu, sur le témoignage de de quelques Historiens, trompés ou trompeurs, renoncer à une Religion sensible & commode, assortie à l'imagination, aux passions, Religion dans laquelle il avoit été nourri & élevé, pour en embrasser une toute spirituelle, formidable à la raison dans ses Dogmes, terrible aux sens & aux passions dans sa Morale, surtout dans des tems où l'embrasser, c'étoit s'exposer aux railleries du monde, aux cris des Prêtres, aux fureurs du peuple, à la violence des Magistrats?

Est-il donc plus possible de révoquer en doute l'exécution des promesses de Jésus-Christ, que l'existence des Eglises Chrétiennes avant & après la ruine de Jérusalem? Lisez les miracles des Apôtres, dans leurs Actes, & dans leurs Epîtres; lisez dans les mêmes Epîtres les règles qu'ils prescrivent aux Eglises, pour l'usage des dons miraculeux communs parmi elles; lisez les Quadrat, les Justin, les Athénagor, les Irénée, les Tertulien, les Origene, les Minucius Felix, les Arnobe, les Athanase, les Eusébe, les Cyrille, les Augustin. Oposerez-vous à des hommes si éclairés & si vertueux, un boufon, tel que Lucien, contraint de rendre témoignage à la vertu des Chrétiens de ſon tems ; un très-petit Philoſophe, tel que Celſe, cherchant dans la Magie des armes contre nos Evangiles ; un Enthouſiaſte ſuperſtitieux, tel que l'Empereur Julien, donnant dans les noires opérations de la Theurgie, forcé d'avouer quelques miracles de Jéſus-Chriſt ; & quelques autres Ecrivains du même caractere, recourant à toutes ſortes de chimeres, pour étaïer les ruines du Paganiſte, confondu par les Chrétiens ; en un mot, des Ecrivains ſemblables à nos Adverſaires modernes, auſſi ſtériles en raiſons, auſſi féconds en ſarcaſmes, en menſonge & en calomnie ; vous le voïez : dans quel tems qu'aïent été écrit nos Evangiles, ſoit avant, ſoit après la ruine de Jéruſalem, leur vérité eſt inébranlable.

Nous convenons volontiers, d'après de bons monumens, que Saint Jean n'écrivit ſon Evangile qu'après la ruine de Jéruſalem. Mais en pourriez-vous citer un ſeul, en preuve de votre aſſertion, par raport à nos trois premiers Evangéliſtes ? Y a-t-il

un seul mot dans leurs Ouvrages qui indique, qu'ils n'aïent écrit qu'après cet événement? Seroit-ce la prédiction détaillée qu'ils en mettent à la bouche de leur Maître? Vous feriez compassion, & quel avantage vous en reviendroit-il? Ne seriez-vous pas contraint de faire honeur aux Evangélistes des prédictions encore plus surprenantes, sur l'état futur du peuple Juif, & sur l'étendue & la perpétuité de l'Eglise, qui sont tous les jours vérifiées à nos yeux. Vous êtes réduit, pour toute preuve, à la mort de Zacharie, fils de Barachie, citée par Saint Mathieu : quelle preuve ? XXIII. 35.
Etes-vous donc bien assuré, que les Interprétes, qui entendent par Zacharie, ou le pere de Jean-Baptiste, ou le fils du Grand-Prêtre Joïada, mis à mort par Joas, dans le Parvis du Temple : êtes-vous bien assuré que ces Interprétes sont dans l'erreur? Mais, en l'entendant du fils de Barac, dont parle Josephe, êtes-vous bien assuré que ce ne soit pas une prédiction de Jésus-Christ, qui en parle comme d'un événement passé, tant il étoit présent à ses yeux? Prétendre que Jésus-Christ n'avoit pas pré-

dit l'événement raporté par Josephe ; c'est comme si l'on prétendoit, que la délivrance des Juifs par Cyrus, raportée par le même Historien, n'avoit pas été prédite par Isaïe.

Nous ne relevons pas l'imputation que vous faites à nos Evangiles, de fourmiller de contradictions à chaque page ; nous vous avons deja fait le défi d'en citer aucune. Remplissez-le, si vous le pouvez.

Il n'est point de fait ancien qui fût incontestable, si les miracles de Jésus-Christ pouvoient soufrir le moindre doute. Les plus grands énemis de ces miracles, les Talmudistes, les Celses, les Hiéroclés, les Julien, les Juifs & les Payens, ont été forcés de convenir de leur réalité, dans des tems où ils étoient aussi à portée d'en juger, que nous le sommes de juger des faits qui se passent devant nous, ou qui se sont passés peu d'années avant nous. Il étoit réservé à nos jours, de voir les passions éfrénées braver la raison, & nier tout ce qui s'opose à leur empire.

Vous terminez vos ataques, c'est-à-dire vos insolentes déclamations contre les miracles de Jésus-Christ, par des questions sur la fin de ces miracles. Pourquoi, demandez-vous, Dieu auroit-il fait ces miracles, pour être condamné à la potence chez les Juifs, &c..... Jésus-Christ prévoïoit que telle seroit la fin de ses miracles; il l'avoit souvent anoncé à ses Apôtres, qui n'y comprenoient rien; il ne l'avoit pas déguisé aux Juifs, & les Princes des Prêtres & les Scribes le comprirent très-bien. Sans doute, ses Disciples ne concevoient rien à la prédiction qu'il leur faisoit de sa mort, & du genre de sa mort; parce qu'il n'étoit pas naturel d'imaginer que tant de miracles bienfaisans, opérés par Jésus-Christ, pour prouver qu'il étoit le Fils de Dieu, pûssent avoir une fin si tragique. C'est-là néanmoins la cause de la fureur des Juifs contre Jésus-Christ; ils l'accusent de blasphême, & veulent le lapider, non à cause de ses œuvres; mais, parce qu'étant homme, il se faisoit Dieu. Il les renvoïe aux œuvres qu'il fait par la puissance de son Pere, comme à des preuves certaines qu'il est le Fils de Dieu, & que Dieu son Pere est dans lui, & lui dans son Pere. Un discours si raisonable ne ra-

Luc XX. 9. 19.

Joan. X. 33 & 37.

lentit point leur fureur. Il s'y dérobe pour un tems, bien déterminé à s'y livrer, quand ſon heure ſera venue: car avant le diſcours que nous venons d'entendre, il avoit déclaré, dans les termes les plus clairs, qu'il étoit le Paſteur, & que le bon Paſteur donne ſe vie pour ſes Brebis; & il continue ainſi: *Je donne ma vie pour mes Brebis, afin qu'elles aïent la vie éternelle;* elles ne périront jamais, comme il le dit quelques verſets après: *C'eſt pour cela que mon Pere m'aime; parce que je la quitte pour la reprendre:* car perſonne ne me la ravit; mais *c'eſt de moi-même que je la quitte; car j'ai le pouvoir de la quitter, & j'ai le pouvoir de la reprendre: c'eſt le commandement que j'ai reçu de mon Pere.*

Ibid.

Ibid. I. 15. & ſeq.

Tel eſt donc le moïen de ſauver l'homme, que Dieu a arrêté dans ſes décrets éternels; c'eſt l'Incarnation & la Mort de ſon Fils unique, promis au premier homme, après ſa chûte, atendu par les Patriarches, figuré par les cérémonies de la Loi, anoncé par tous les Prophétes, ſur-tout par Iſaïe & par Daniel.

L. III. IX.

Y avoit-il un autre moïen de réconciliation de Dieu avec les Tranſgreſſeurs de ſes Loix ? C'eſt un Problême que nous vous laiſſons à réſoudre : mais ne prétendez pas nous contenter en nous diſant, ou que nulle peine n'eſt dûe au péché, ou que le repentir du pécheur ſuffit pour entrer en grace avec Dieu, & pour mériter ſa bienfaiſance éternelle. Le premier dénouement confondroit toutes nos idées ; car ce que nous voïons le plus clairement, c'eſt la relation de la violation de l'ordre au châtiment, & du châtiment à la violation de l'ordre. Jamais vous ne nous ferez concevoir, que le repentir du pécheur ſoit une réparation proportionée à l'injure faite à un Dieu, par la tranſgreſſion de ſes Loix : vous nous ferez encore moins concevoir, qu'un tel repentir mérite à titre de juſtice un bonheur éternel : enfin, quand vous réuſſiriez à nous propoſer quelque dénouement plauſible ; que nous diriez-vous, pour nous convaincre que la ſouveraine juſtice, n'eſt point ſouverainement libre d'accepter ce repentir, ou de le rejetter ? Quoiqu'il en ſoit.

Nous admirons le choix que Dieu

fait d'un tel moïen, pour se reconcilier avec nous : nous tremblons devant sa justice, qui éxige une si pleine satisfaction pour nous pardonner : nous sentons toute la grandeur de notre maladie, par la grandeur du remédé emploïé pour nous guérir : nous adorons la bonté infinie, qui ne veut pas nous perdre : nous voïons sans frémir un Dieu nous aimer, jusqu'au point de nous donner son Fils unique pour nous sauver ; & ce Fils nous aimer, jusqu'au point de se donner lui-même pour nous épargner la mort, que nous méritions en qualité de pécheurs. Plus l'amour de l'un & de l'autre est pour nous incompréhensible, plus il nous paroît divin. C'est donc avec respect & avec reconnoissance, que nous voïons mourir un Dieu sur la Croix, non en sa Divinité ; immortelle & impassible par son essence ; mais en son Humanité, qu'il ne s'étoit unie que pour l'ofrir en sacrifice à la gloire de son Pere, maître de lui rendre la vie, comme de la lui ôter. Nous pourions en rester là : vous ne pouvez plus rien avoir à nous dire qui soit digne de réponse : mais il faut vous suivre jusqu'au bout.

Le

Le Caloyer. Je ne nie pas que vos doutes ne ſoient fondés, & je ſens que vous raiſonez de bonne foi ; mais enfin convenez qu'il faut une Religion aux hommes.

L'honête-Homme. Sans doute, l'ame demande cette nouriture ; mais pourquoi la changer en poiſon ? Pourquoi étoufer la ſimple vérité dans un amas d'indignes menſonges ? Pourquoi ſoutenir ces menſonges par le fer & par les flammes ? Quelle horreur infernale ! La Religion, entre l'homme & Dieu, eſt l'adoration & la vertu ; c'eſt entre le Prince & les Sujets une afaire de Police ; ce n'eſt que trop ſouvent d'homme à homme qu'un commerce de fourberie. Adorons Dieu ſincérement, ſimplement, & ne trompons perſonne. Oui, il faut une Religion ; mais il la faut pure, raiſonnable, univerſelle ; elle doit être comme le Soleil, qui eſt pour tous les hommes ; & non pas pour quelque petite Province privilégiée. Il eſt abſurde, odieux, abominable d'imaginer, que Dieu éclaire tous les yeux, & qu'il plonge preſque toutes

» les ames dans les ténébres. Il n'y a » donc qu'une Probité, commune à tout » l'Univers ; il n'y a donc qu'une Reli- » gion. Et quelle est-elle ! Vous le ſavez, » c'eſt d'adorer Dieu, & d'être juſte. »

Le Caloyer vous fait des complimens. Que ne pouvons-nous auſſi vous en faire ! Vous convenez qu'il faut une Religion à l'homme : mais qu'il ne faut ni la faire conſiſter dans un amas d'indignes menſonges, ni ſoutenir ces menſonges par le fer & par les flammes. Nous en convenons volontiers. Nous convenons encore, & nous en ſommes déja convenus, que l'adoration & la vertu ſont de l'eſſence de la Religion qu'il faut à l'homme.

Mais qu'entendez-vous par adoration ? La faites-vous conſiſter à reconoître une Divinité quelconque ? C'eſt-à-dire, avec un Poëte de nos jours, un Etre éxiſtant par lui-même, ſoit que cet Etre ait tiré l'Univers du néant, ſoit qu'il n'ait fait qu'arranger une matiere éternelle, ſoit qu'il ſoit lui-même matiere, ou que la matiere faſſe partie de lui-même ; & qu'il ſoit conſéquenment l'Univers, ou partie de l'Univers. Le Dieu véri-

La Religion naturelle, Poeme au Roi de Pruſſe.

table pouroit-il agréer vos adorations, si nous n'avions que des idées si indignes de sa grandeur ? En mériteroit-il même de notre part ; si nous n'avions pas reçu de lui l'être & la vie ? En mériteroit-il ; s'il n'avoit fait qu'arranger une matiere éternelle par la nécessité de son Etre ? Car dans la suposition contradictoire, qu'une matiere éternelle, par conséquent éxistant par soi, pût recevoir d'une main étrangere son arrangement ; ne serions-nous pas nous-mêmes chacun en particulier des arrangemens nécessaires de la matiere éternelle ? un Etre éxistant par soi est nécessairement tout ce qu'il peut être. En mériteroit-il ; s'il étoit lui-même matiere ? Ne seroit-il pas, dès-là même, un Etre aveugle & insensible ? En mériteroit-il, si la matiere faisoit partie de son Etre, & qu'il fût par conséquent ou l'Univers, ou partie de l'Univers ? Par conséquent, fussions-nous même partie de son Etre, ne deviendrions-nous pas, dès-là même, l'objet des adorations que nous lui rendrions ? Et quelles adorations serions-nous capables de lui rendre ; si nous n'étions, comme le supose le même Poëte, qu'un de nos ſens ? Eſt-ce qu'un de nos ſens peut ſortir de l'étroite ſphere des objets corporels ? Que peut-on entendre par le terme de *Vertu*, d'après des imaginations ſi groſſieres & ſi abſurdes, ſur Dieu & ſur l'homme ; ſi ce n'eſt l'amour de nous-mêmes, atentifs à ménager les intérêts d'autrui, pour nous conſerver les nôtres ; ſurtout ſi *le Fatum* nous a fait naître une de ces combinaiſons de la matiere, plus foible que nos voiſines ?

Si vous penſez comme ce Poëte ; ceſſez de nous parler de Religion, d'Adoration, de Vertu ; & ne trouvez pas mauvais que nous continuïons de répéter, que la Religion véritable & néceſſaire à l'homme, eſt de lui faire conoître l'intelligence ſouverainement parfaite, créatrice, conſervatrice, modératrice de tous les Etres ; de lui faire connoître ſa nature propre, ce qu'il y a de bon, ce qu'il y a de mauvais, & la ſource de l'un & de l'autre ; de lui faire conoître les Loix qui lui ſont impoſéés, ſoit à l'égard de l'Auteur de ſon Etre, ſoit à l'égard de ſoi-même, ſoit à l'égard de ſes ſemblables ; de lui faire conoître les biens qu'il peut atendre de ſon obéiſſance à ces Loix, & les maux dont eſt menacée ſa déſobéiſſance; de lui faire conoître le culte qu'il doit rendre, de concert avec ſes ſemblables, à l'Etre parfait; de lui faire conoître le moyen de réparer la violation des loix, qui lui ſont impoſées, & d'en obtenir l'abolition. Sans ces conoiſſances, qu'eſt-ce que pouroit être ſon adoration, qui doit l'aſſujétir tout entier à l'objet adoré? Un tel éfet eſt réſervé à l'amour ſeul de préférence, qui domine le cœur. Sans ces conoiſſances, quelle pouroit être ſa vertu, qui eſt l'amour de l'ordre? Amour, qui ne peut encore ſubſiſter, ſans l'amour par-deſſus toute choſe du Créateur, comme de ſon ſouverain bien; ſans l'amour de ſes ſemblables, comme étant des biens qui lui ſont égaux; par conſéquent, ſans leur déſirer & leur procurer les biens qu'il ſe déſire, & qu'il ſe procure à lui-même. Mais où trouverez-vous, hors la Religion Chrétienne, toutes ces conoiſſances, par conſéquent, l'adoration & la vertu.

Comment donc la Religion pouroit-elle être entre le Prince & les Sujets une afaire de police? Quoi!

il dépendroit du Prince & des Sujets de se former l'idée qu'ils voudroient de Dieu, de l'homme, de leurs devoirs : des récompenses & des châtimens dûs à leur fidélité, ou à leur infidélité, du culte dû à l'Etre suprême, de l'abolition ou de la punition de leurs crimes ; & dès-là même on seroit pleinement assuré, qu'en suivant cette Religion, fruit des caprices de l'imagination, telle qu'elle puisse être, on adoreroit en esprit & en vérité l'Etre parfait, & on seroit vertueux aux yeux de sa Sainteté ? Comment avez-vous pû mettre au jour une pensée si peu raisonable ?

Malheur à ceux qui font de la Religion un commerce de fourberie. Nous le disons de toute la plénitude du cœur : adorons Dieu sincérement, simplement, & ne trompons personne ; mais, pour l'adorer ainsi, adorons-le, tel qu'il s'est fait conoître à nous, & selon la maniere qu'il veut que nous l'honorions pour lui plaire. Voilà l'unique Religion qui puisse être pure, raisonable pour tous les tems & pour tous les lieux. Mais refuserez-vous à Dieu le choix libre de faire briller cette lumiere salutaire aux yeux de ceux qu'il lui plaît, & de laiſſer les autres dans leurs ténébres ? Quoi ! il ſera maître de répandre inégalement les biens de la nature, l'intelligence, la ſcience, la ſanté, la force, &c. & il ne ſera pas maître d'acorder ou de refuſer, ſelon ſa volonté, les biens de la Grace ? Il ne lui ſera pas permis de punir, par la ſouſtraction des dons de ce dernier genre, ceux qui les auront mépriſés ; & il ne lui ſera pas permis d'en gratifier ceux qui en feront un bon uſage ? Il ne plonge pas les ames dans les ténébres ; mais c'eſt un fait, qu'un grand nombre y demeurent plongés : peut-on lire l'Hiſtoire des Nations ſi célébres dans l'Antiquité, des Egyptiens, des Aſſyriens, des Grecs, des Romains, &c. ſans être étoné de la profondeur de leurs ténébres ; & l'Hiſtoire moderne ne nous ofre-t-elle pas encore des ſujets du même étonement ? Car dans quelles ténébres ne faut-il pas être, pour adorer des Aſtres, des animaux, des hommes ? Adorons la conduite du ſouverain Etre ſur le genre humain ; mais ne ſoïons pas aſſez téméraires pour lui en demander la raiſon. Ce n'eſt pas la privation involontaire de la lumiere de la véritable Religion, qui rend les ames criminelles à ſes yeux, c'eſt l'abus qu'elles font des lumieres, qu'il fait toujours luire, dans certains dégrés, aux yeux des eſprits les plus ténébreux.

S'il vous plaiſoit d'expliquer ce que vous entendez par Probité ; peut-être vous accorderions-nous, comme une conſéquence, qu'il n'y a qu'une Religion, comme il n'y a qu'une Probité : ſavoir adorer Dieu, être juſte. Mais, juſqu'à ce que vous nous faſſiez part de l'idée que vous atachez à ce terme *Probité ;* vous nous permettrez d'avancer d'abord cette propoſition, comme nous étant mieux conue : Il n'y a qu'une véritable Religion, ſavoir adorer Dieu, être juſte ; donc il ne peut y avoir dans l'Univers qu'une véritable Probité. Or nous croïons avoir démontré, qu'il n'y a, & qu'il n'y a jamais eu qu'une véritable Religion ſur la terre, ſavoir adorer Dieu, être juſte, qui eſt la Religion Chrétienne ; & que hors de cette Religion, il n'y a point, & il n'y a jamais eu de probité, en entendant par ce terme l'adoration en esprit & en vérité du vrai Dieu, & la justice, soit envers le vrai Dieu, soit envers soi-même, soit envers ses semblables. En éfet, parcourez toutes les Religions établies sur la terre, en tous les tems, & citez-nous l'éxemple d'un homme, hors de la Religion Chrétienne, qui aime de tout son cœur le vrai Dieu, Créateur du Ciel & de la Terre; qui n'agit que pour lui plaire, & pour lui obéir; qui le regarde comme le principe de tout ce qu'il remarque de bon en soi, raportant tout à sa gloire; qui fasse tous ses éforts pour se conserver pur & irréprochable, par une observation éxacte de tous ses devoirs; enfin, qui aime son prochain comme soi-même, en évitant tout ce qui peut lui nuire, & en lui rendant toutes sortes de services.

Le Caloyer. « Mais comment « croyez-vous donc que ma Religion « s'est établie. «

L'Honête-Homme. Comme toutes « les autres. Un homme d'une ima- « gination forte, se fait suivre par « quelques personnes d'une imagina- « tion foible; le troupeau s'augmente; «

» le fanatiſme commence ; la fourbe- » rie acheve. Un homme puiſſant » vient ; il voit une foule, qui s'eſt » miſe une ſelle ſur le dos, & un » mords à la bouche ; il monte ſur » elle, & la conduit. Quand une fois » la Religion nouvelle eſt reçue dans » l'Etat, le Gouvernement n'eſt plus » occupé qu'à proſcrire tous les » moyens par leſquels elle s'eſt éta- » blie. Elle a commencé par des aſ- » ſemblées ſecrettes ; on les défend. » Les premiers Apôtres ont été ex- » preſſément envoïés pour chaſſer les » Diables ; on défend les Diables. » Les Apôtres ſe faiſoient aporter » l'argent des Proſélytes. Celui qui » eſt convaincu de prendre ainſi de » l'argent, eſt puni. Ils diſoient, qu'il » vaut mieux obéir à Dieu qu'aux » hommes ; & ſur ce prétexte ils » bravoient les Loix. Le Gouverne- » ment maintient, que ſuivre les » Loix, c'eſt obéir à Dieu. Enfin, la » politique tâche ſans ceſſe de con- » cilier l'erreur reçue, & le bien pu- » blic. »

Comment, né avec une imagination forte, n'avez-vous pas entrepris de former quelque nouvelle Religion, au lieu de ne travailler qu'à les détruire toutes ? Nous n'exami- pas si tant de Religions diverses, répandues sur la Terre, ont commencé, se sont accrues, & enfin établies de la maniere que vous le décrivez ; mais, pour en faire l'aplication à la Religion Chrétienne, ce n'est point assez d'avoir de l'imagination, il faut être visionaire.

Vous disiez à votre Caloyer, que vous aviez lû avec attention tous nos Livres. Il ne les avoit guères lû lui-même ; ou il vous conoissoit bien peu, s'il vous en croyoit sur votre parole : il est des esprits faux, qui semblent n'être pas nés pour voir la vérité. Il en est de prévenus, qui la voïent toujours mal. Il en est de passionés, qui ne veulent pas la voir : vains, ils dédaignent les vérités communes & populaires, parce qu'elles ne peuvent servir à les distinguer : voluptueux, s'ils ne peuvent plier la règle, ils tâchent de la briser. Nous nous garderons bien de vous ranger dans l'une de ces classes ; mais que de preuves d'inéxactitude ne nous avez-vous pas données jusqu'ici, en matiere de faits, de raisonemens ! Envoici de nouvelles. Vous avez lû ; dites-vous, tous nos Livres : y avez-vous découvert dans l'Histoire, & dans la conduite de Jésus-Christ quelques traits d'une imagination forte ? Y avez-vous même aperçu dans sa vie quelque trait des passions humaines, de l'ambition, de la curiosité, des attraits pour les plaisirs sensibles, & non la raison la plus pure ? Uniquement occupé de la volonté de son pere, il anonce l'accomplissement de ses promesses, en apuïant sa parole de ses miracles, & en marquant tous ses pas par des bienfaits. Sa modestie, son silence sur tout ce qui agitoit alors le plus les esprits, de même que sur les Sciences & les Arts ; sa pauvreté, sa douceur étoient telles, qu'elles arrêtoient l'impression de crainte, que sa puissance devoit naturellement faire sur les Pharisiens & les Scribes, ces corrupteurs de la Loi divine, & ces hypocrites, qu'il démasquoit. Il ne publie point une nouvelle Religion ; c'est la Religion aussi ancienne que le monde, comme nous l'avons déja observé, qu'il établit, en se donnant pour le Libérateur, promis au premier homme, après sa chûte, attendu par les Patriarches, figuré par tout l'apareil de la Loi Mosaïque, prédit par tous les Prophétes; il apelle à sa suite un petit nombre d'hommes ignorans & grossiers, mais auxquels il saura bien donner la science & l'urbanité, quand il lui plaira. La sainteté de sa vie, la sublimité de sa Doctrine, l'éclat de ses miracles lui attirent un grand nombre d'admirateurs timides, malgré les mépris afectés de ces jaloux contradicteurs; mais, pour me servir de vos termes si flateurs, pour le peuple, bien loin de monter sur cette foule, qui s'est mis une selle sur le dos, & un mords à la bouche, il se dérobe à sa poursuite, quand elle veut le proclamer Roi, lui prédit sa défection, & les malheurs qui en seront la suite.

Luc. VI. 13

Joan. XII. 42.

Joan. VI.

Math. XXIII 37. 38.

Bientôt, en éfet, il est presque généralement abandonné; il meurt, comme il l'avoit prédit; il ressuscite selon sa promesse; il aparoît à plus de cinq cens Disciples, dont les cœurs lui étoient demeurés fidéles, malgré leur timidité & leur fuite; il fait descendre sur eux le Saint-Esprit, qu'il leur a promis: aussitôt, transformés

I. Cor. XV.

Act. II.

en de nouveaux hommes, ils publient ſes merveilles. Eſt-ce dans des aſſemblées ſecretes ? N'eſt-ce pas au milieu de Jéruſalem que Pierre fait entendre ſa voix ? N'eſt-ce pas au milieu des Villes les plus éclairées & les plus corrompues de l'Empire Romain, que cet Apôtre, & ſes Collégues éxercent leur miniſtere ? Que de milliers de Proſélytes, malgré l'opoſition des Puiſſances de la Terre & de l'Enfer, naiſſent de ces diſcours, inſpirés par l'eſprit de vérité, & ſoutenues par toute ſortes de miracles ! Si ces adorateurs nouveaux du Dieu vivant tiennent leurs aſſemblées dans des maiſons particulieres ; eſt-ce un juſte ſujet de reproche contre eux ? Voudroit-on qu'ils les tinſſent dans les Temples conſacrés aux Idoles, ou dans des lieux auxquels ſeroient expoſés aux regards & aux inſultes
Rom. XVI. des profanes, les Livres ſaints qui
1. Cor. XI. font leur conſolation, & les Myſte-
Juſt. Apo. 11. res ſacrés dont ils ſe nouriſſent.

Qu'étoient-ce que toutes ces Divinités monſtrueuſes, adorées alors ſous mille noms divers, & ſous mille figures bizares, que des eſprits de menſonge, leſquels éxerçoient ſouvent un empire cruel sur les corps d'un grand nombre d'hommes? Délivrer ces malheureux de ces énemis cruels, en les chassant des corps qu'ils tourmentent, n'étoit-ce pas mettre dans le plus grand jour leur impuissance, & tout à la fois la puissance du Sauveur, les rendre haïssables, & faire rougir l'humanité, de prostituer son culte à des Etres si injustes & si méchans? Quoi donc de plus digne des Apôtres de la vérité?

Nous avons déja vu que l'accusation, renouvellée ici contre leur désintéressement, n'étoit qu'une calomnie: qui fut jamais plus soumis aux Loix des Princes que ces grands Hommes? Qui recommanda jamais avec plus de soin de s'y soumettre? Etoit-ce les braver que d'obéir à Dieu; & n'étoit-ce pas obéir à Dieu, que de prêcher la vérité, en faisant des miracles, dont leurs Persécuteurs étoient obligés de convenir? Pour être en droit de leur fermer la bouche; n'auroit-il pas fallu pouvoir leur interdire les miracles?

Il faut renoncer à la bonne foi pour ne pas convenir de l'origine céleste du Christianisme. La puissance de Jesus-Christ se montre ici de toutes parts. Il ſemble qu'il n'ait abandonné ſon Egliſe durant trois ſiécles à toute la férocité de l'Enfer, que pour faire éclater la divinité de ſon établiſſement dans la ſainteté de ſes Enfans, dans la force de ſes Martyrs, dans la multitude de ſes Miracles. Les preuves ſont portées au dernier dégré d'évidence, pour les cœurs droits & ſincéres. Elles ſeront continuées dans tous les ſiécles; mais elles ſeront plus rares, comme elles doivent l'être, afin de ramener toujours les hommes atentifs à celles dont elles ne ſont que la ſuite. Enfin l'erreur ſe laſſe, pour ainſi dire, de ſes fureurs contre la vérité: les trophées dreſſés à la gloire de Dioclétien, comme au Deſtructeur du Chriſtianiſme, ne ſervent qu'à lui faire ſentir l'inutilité de ſes éforts: les Chrétiens rempliſſent toute la Terre: la politique adopte leur Religion.

Conſtantin a vu dans les airs la Croix, plus brillante que le Soleil, ſigne ſalutaire, qui lui répond des victoires qu'il va remporter ſur ſes Concurrens, aveugles défenſeurs de l'Idolatrie, Maxence, Maximin, Licinius. Il n'héſite plus à autoriſer le Chriſtianiſme, non comme une erreur

reur reçue ; mais comme la vérité descendue du Ciel ; pour mettre en sûreté sa personne sacrée, en la faisant envisager à ses sujets comme le ministre du Dieu vivant ; pour maintenir sa puissance, en la leur représentant comme une émanation de la toute-puissance même ; pour afermir son Trône, en le plaçant dans leurs cœurs & leurs consciences ; pour porter par-tout l'ordre & la paix, en mettant comme un frein aux passions, sources intarissables de l'injustice & de la guerre. Ecoutons le Caloyer.

Rom. XIII.

Le Caloyer. Mais vous allez en « Europe. Vous serez obligé de vous « conformer à quelqu'un des cultes « reçus. «

L'honête-Homme. Quoi donc, ne « pourai-je faire en Europe, comme « ici : adorer paisiblement le Créateur « de tous les mondes, le Dieu de « tous les hommes, celui qui a mis « dans mon cœur l'amour de la vé- « rité & de la justice ? »

Si dans Alep vous adorez, en esprit & en vérité, le Créateur de tous les mondes, & le Dieu de tous les hom-

mes : qui vous empêcheroit de l'adorer en Europe ? Mais ne vous flatez pas de l'adorer ainſi, par l'amour de la vérité en général, & de la juſtice en général : un tel amour n'eſt pas incompatible avec le menſonge & l'injuſtice : de même que l'amour du bien en général, n'eſt pas incompatible avec l'amour des faux biens. Les paſſions font ſouvent prendre l'erreur pour la vérité, l'injuſtice pour la juſtice ; de même que des biens aparens, pour le bien réel. Pour adorer donc Dieu en eſprit & en vérité, il faut l'adorer, avec ſon Fils, dans l'unité du
Joan. XVI. 6. Saint Eſprit. On ne va au Pere que par le Fils ; qui n'honore point le Fils, n'honore point le Pere. L'adoration en eſprit & en vérité eſt la Charité ; or c'eſt le Saint Eſprit qui répand dans nos cœurs la Charité, qu'il embraſſe avec le Pere & le Fils. Ce n'eſt point pour ſon intérêt que Dieu éxige de l'homme des hommages ; ſon bonheur eſt indépendant d'un ſi petit Etre. C'eſt pour l'intérêt de l'homme même : parce qu'étant eſſentiellement la bonté & la juſtice, il ne lui a donné l'éxiſtence, qu'en lui impoſant l'obligation de ſe rendre

heureux ; or quel peut être le bonheur de l'homme, sans la connoissance & l'amour de Dieu, qui est le souverain bien ? C'est donc lui seul qu'il faut adorer en esprit & en vérité ; mais pour l'adorer ainsi, il faut l'adorer, non selon les caprices de son imagination, mais tel qu'il s'est fait conoître.

Le Caloyer. Non, vous risqueriez trop : l'Europe est divisée en « factions, il faudra en choisir une. «
L'honête-Homme. Des factions, « quand il s'agit de la vérité univer- « selle. Quand il s'agit de Dieu ! »

Des factions, quand il s'agit de Dieu, vous étonent ! S'il ne s'agissoit que d'un Dieu quelconque, elles devroient sans doute vous étoner. Il éxiste un Dieu, c'est une vérité universelle. Mais qu'est-ce que ce Dieu ? Comment faut-il l'honorer pour lui plaire ? Ce n'est plus ici une vérité universelle ; mais le sujet d'une foule de factions, soit avant, soit après l'établissement de la véritable Religion en Europe, de même qu'en Asie, en Afrique, en Amérique. Cependant ce n'eſt que dans la Religion Chrétienne qu'il eſt connu, ce Dieu véritable, & qu'eſt connue la maniere dont il faut l'honorer pour lui plaire : parce que ce n'eſt que là qu'il ſe fait conoître lui-même, & la maniere dont il veut être honoré pour lui plaire.

Le Caloyer. » Tel eſt le malheur des » hommes ! On eſt obligé de faire » comme eux, ou de les fuir. Je vous » demande la préférence pour l'Egliſe » Grecque.

L'honête-Homme. » Elle eſt Eſcla- » ve. »

Mauvaiſe raiſon, pour refuſer au Caloyer la grace qu'il vous demande. L'eſclavage n'eſt pas incompatible avec la vérité. Vous auriez pu fonder votre refus ſur une raiſon plus ſolide ; c'eſt le ſchiſme de l'Egliſe Grecque avec l'Egliſe Romaine. Jamais de juſte néceſſité de rompre l'unité : parce que jamais il n'y en a de perdre la Charité, qui eſt l'amour de l'unité, & l'ame de la Religion. Se ſéparer du Siége de Rome, reconu univerſellement pour le premier Siége de l'Egliſe avant Photin, c'eſt pervertir l'ordre établi par Jeſus-Chriſt ; c'eſt détruire la ſimétrie de ſon édifice, en renverſant la ſubordination qui en eſt la beauté ; c'eſt mériter d'être abandonné à l'erreur, & de tomber ſous l'eſclavage d'une puiſſance énemie du nom Chrétien.

« *Le Caloyer.* Voulez-vous vous ſoumettre à l'Egliſe Romaine ?

L'honête-Homme. Elle eſt tyrannique. Je ne veux ni d'un Patriarche ſimoniaque, qui achete ſa honteuſe dignité d'un grand Viſir, ni d'un Prêtre, qui s'eſt cru pendant ſept cens ans le maître des Rois. »

Mauvaiſe raiſon encore : le crime du Paſteur n'eſt pas incompatible avec l'autorité, qu'il a reçue par ſon Ordination. Au reſte, qui vous oblige, en vous ſoumettant à l'Egliſe Romaine, d'embraſſer les opinions de quelques-uns de ſes Théologiens ? Dès que, de votre aveu, la prétention des Papes ſur le temporel des Rois ne date que de ſept cens ans ; dès-là même, ce n'eſt plus un dogme de l'Egliſe, dont le caractere eſſentiel eſt d'avoir été cru toujours, de tous, par tous, peut-être vous tromperiez-vous ; ſi vous penſiez que l'opinion dont il s'agit, n'eſt redevable de ſa naiſſance qu'à l'ambition des Papes. Ne la devroit-elle pas plutôt à la politique de quelques Princes ? Des Princes, connoiſſant tout le reſpect dont étoient prévenus les peuples pour le premier Paſteur de l'Egliſe, auront voulu recevoir de ſa main la couronne, pour colorer & autoriſer leur uſurpation : d'autres Princes, foibles, auront eu recours à lui contre des voiſins puiſſans & entreprenans : d'autres, pour ſe maintenir dans un gouvernement tyrannique contre des Sujets mécontens, lui auront ſoumis leur Royaume, en ne voulant plus l'adminiſtrer que comme ſes Lieutenans : des flateurs enſuite auront traveſtis en droit ces traits de la politique, & auront tâché d'apuïer ce prétendu droit de quelques preuves éblouiſſantes. Ne ſeroit-ce point là l'origine de cette opinion, qui a fait tant de bruit ? Quoiqu'il en ſoit, quiconque a lu l'Hiſtoire des ſiécles, où elle a été en vigueur, ne peut s'empêcher de remercier le ſouverain Maître des événemens d'en avoir permis alors l'introduction dans l'Eglise. Si elle fit verser du sang; combien n'en arrêtât-elle pas de torrens, dans ces siécles d'ignorance, de guerre, de pillage, d'incendie, de fureur?

« *Le Caloyer*. Il n'apartient pas à un Religieux, tel que je le suis, de vous proposer la Religion Protestante.

« *L'honête-Homme*. C'est peut-être celle de toutes que j'adopterois le plus volontiers, si j'étois réduit au malheur d'entrer dans un parti. »

S'il ne convient pas au Caloyer de vous proposer la Religion Protestante; votre réponse convient-elle mieux? La suite du Dialogue nous mettra en état d'en juger. Ce que nous pouvons vous dire en attendant; c'est que la Religion de Jesus-Christ, étant l'unique maniere d'adorer Dieu, comme il veut être adoré pour lui plaire, comme nous croions l'avoir démontré: vous ne pouvez vous dispenser de prendre le parti, ou de renoncer à l'espoir de plaire à Dieu, ou de choisir entre les Sociétés qui se disent Chrétiennes, celles que Jesus-Christ a établie.

Le Caloyer. » Pourquoi ne lui pas
» préférer une Religion plus an-
» cienne ?

L'honête-Homme. » Elle me paroît
» bien plus ancienne que la Ro-
» maine ? »

L'objection du Caloyer est pressante, contre votre disposition à préférer la Religion Protestante à la Romaine : car la vérité est plus ancienne que le mensonge ; elle mérite seule la préférence. Votre réponse éxige des preuves : nous allons les entendre.

Le Caloyer. » Comment ! pouvez-
» vous supofer que Saint Pierre ne
» soit pas plus ancien que Luther,
» Zuingle, Œcolampade, Calvin,
» & les Réformateurs d'Angleterre,
» de Dannemarck, & de Suéde, &c.

L'honête-Homme. » Il me semble
» que la Religion Protestante n'est
» inventée ni par Luther, ni par
» Zuingle, &c. Il me semble qu'elle
» se raproche plus de sa source que
» la Religion Romaine, qu'elle n'a-
» dopte

dopte que ce qui se trouve expressé- «
ment dans l'Evangile des Chrétiens, «
tandis que les Romains ont chargé «
le culte de Cérémonies & de Dog- «
mes nouveaux. Il n'y a qu'à ouvrir «
les yeux, pour voir que le Législateur «
des Chrétiens n'institua point de «
Fêtes, n'ordonna point qu'on ado- «
rât des Images & des Os de Morts, «
ne vendit point d'Indulgences, ne «
reçut point d'Annates, ne conféra «
point de Bénéfices, n'eut aucune «
Dignité temporelle, n'établit point «
une Inquisition, pour soutenir ses «
Loix, ne maintint point son auto- «
rité par le fer des bourreaux. Les «
Protestans réprouvent toutes ces «
nouveautés scandaleuses & funes- «
tes; ils sont par-tout soumis aux «
Magistrats, & l'Eglise Romaine «
lutte depuis huit cens ans contre les «
Magistrats. Si les Protestans se «
trompent, comme les autres dans le «
principe; ils ont moins d'erreurs «
dans les conséquences; & puisqu'il «
faut traiter avec les hommes, j'aime «
à traiter avec ceux qui trompent «
le moins. »

Vous ne disconvenez pas que l'Eglise Romaine ne soit plus ancienne que les Sectes Protestantes. Comment en disconviendriez-vous ? Rome avoit le Catalogue de ses Pasteurs, qui, depuis Saint Pierre, s'étoient succédés les uns les autres sans interruption pendant quinze cens ans, avant que parussent les Sectes Protestantes. Il vous semble, dites-vous, que la Religion Protestante n'est inventée ni par Luther, ni par Zuingle, &c. Pourquoi cela vous semble-t-il ? Parce qu'il vous semble qu'elle se raproche plus de sa source. Est-il donc possible qu'une Religion, éloignée de la source par l'espace de quinze cens ans, s'en raproche plus que la Religion, qui n'en est séparée par aucun intervale ? Par où pouvez-vous juger de cette plus grande proximité ? Il n'y a que deux moïens ; sçavoir, les Livres du Nouveau Testament & la Tradition. La Tradition ! la chercherez-vous dans des Témoins, qui n'ont paru que quinze cens ans après les faits ; & non dans des Témoins, qui par une chaîne indissoluble, tenant les uns aux autres, & ne formant, pour ainsi dire, qu'un même Témoin. qui a tout vu, remontent jusqu'aux faits qu'ils attestent. Les Livres du Nouveau Testament ! Mais ces Livres viennent-ils de la source ? Qui vous en assurera ? Sont-ce des Témoins, qui n'ont paru que quinze cens ans après ces Livres ? Vous voilà donc forcé de revenir au témoignage de l'Eglise Romaine. Vous voilà réduit à prétendre, que l'Eglise Romaine n'entend pas ces Livres, dont elle garantit l'autenticité. Quoi ! L'Eglise Romaine, instruite de tout avant que ces Livres fussent écrits, sous les yeux de laquelle ils ont été écrits, pour laquelle ils ont été écrits, n'en aura point eu l'intelligence pendant quinze cens ans ; & ce sera de Luther, de Zuingle qu'elle recevra sa lumiere ?

Il vous semble, que la Religion Protestante s'aproche plus de la source que la Religion Romaine ; parce qu'elle n'adopte que ce qui se trouve expressément dans l'Evangile des Chrétiens, tandis que les Romains ont chargé le culte de Cérémonies & de Dogmes nouveaux ; mais l'Evangile & les Epîtres des Apôtres, qui n'en doivent point être séparées, sont-ce les seules voïes pour arriver à la connoissance de la Religion Chrétienne ?

Les Evangélistes raportent-ils toutes les Leçons de Jesus-Christ, notre unique Maître? Saint Jean nous avertit du contraire. Tout ce qu'ont établi les Apôtres se trouve-t-il dans leurs Epîtres? Saint Paul fait entendre le contraire. Il faut donc, pour conoître la Religion Chrétienne, joindre la Tradition de l'Eglise aux Livres qui composent le Nouveau Testament.

Joan. XXI.

1. Cor. 11. 35.

Et certes, si l'Eglise, qui fait une si haute profession de ne reconoître pour sa Doctrine, que celle qu'elle a reçue de son Auteur par les Apôtres, avoit abandonné quelque point de cette Doctrine, & avoit innové dans d'autres avant Luther, Zuingle, &c. il s'ensuivroit manifestement, qu'avant Luther, &c. l'Eglise établie par Jesus-Christ n'éxistoit plus sur la Terre. Que devient donc la magnifique promesse de Jesus-Christ, de bâtir une Eglise, contre laquelle les portes de l'Enfer ne doivent jamais prévaloir? Est-ce qu'une telle Eglise peut subsister, avec des retranchemens & des additions faites à la Doctrine de son Chef? Que devient la promesse de Jesus-Christ, d'être tous les jours, jusqu'à la consommation des siécles avec ses Apôtres, bâtisant & enseignant toutes les Nations; promesse qui embrasse nécessairement leurs Successeurs. Si leurs Successeurs n'ont point continué leurs enseignemens, & en ont donné de contradictoires; que devient l'ordre de Jesus-Christ, de dénoncer le Pécheur à l'Eglise, avec obligation de le regarder comme un Païen & un Publicain, s'il refuse de l'écouter? Peut-on être obligé d'écouter une Maîtresse d'erreur; que devient la notion que Saint Paul donne de l'Eglise, comme de la Maison du Dieu vivant, de la colomne & la baze de la vérité? Des Dogmes qui ne viendroient pas du Docteur de la vérité, & qui est la vérité même; pouroient-ils être la vérité? Et la société qui les professeroit, pouroit-elle être la colomne & la baze de la vérité?

Math. XVIII. 17.

1. Tim. III. 15.

Mais quels sont donc ces Dogmes nouveaux, dont vous accusez l'Eglise Romaine d'avoir chargé la Religion Chrétienne? Vous n'en spécifiez aucun. Le Législateur des Chrétiens, dites-vous, n'institua point de Cérémonies & de Fêtes: sont-ce là des Dogmes? A-t-il défendu à son Eglise d'instituer des Cérémonies ? Quelle preuve avez-vous, qu'il n'en institua point lui-même ? On en voit d'établies dans l'Evangile, dans les Actes, dans Saint Paul, dans Saint Jacques, pour le Bâtême, pour l'Eucharistie, pour la Confirmation, l'Ordre, l'Extrême-Onction. Si l'Eglise en a institué, ce n'est pas certainement contre la défense de son Chef; comme elles ne tendent qu'à rendre plus sensibles, aux yeux de ses enfans, les éfets admirables de sa Grace, elle ne peut les avoir instituées, que conduite & dirigée par son Esprit. De même, quelle preuve avez-vous, que le Législateur des Chrétiens n'institua point de Fêtes; par éxemple, le Dimanche substitué au Sabat des Juifs, pour célébrer sa Résurrection ? L'Apôtre Saint Jean en fait une mention expresse dans son Apocalypse ; & nous aprenons du Martyr Justin, que les Fidéles s'assembloient dans ce jour, pour participer au Mystere du Corps & du Sang de leur Législateur. Suposons que l'Eglise ait institué d'autres Fêtes : quoi ! elle ne sera plus l'Epouse de Jesus-Christ; parce qu'elle aura consacré certains jours à la mémoire, à la méditation, à la louange des Mysteres de son divin Epoux, de même qu'à la mémoire & à la louange des opérations de sa Grace dans ses Elus ?

Le Législateur des Chrétiens, continuez-vous, n'ordonna point, qu'on adorât des Images & des Os de mort. Est-ce que l'Eglise adore des Images & des Os de mort ? Pour la soupçoner d'un tel égarement, il faut avoir déposé toute pudeur. L'Eglise n'adore que Dieu le Pere, & Jesus-Christ son Fils, dans l'unité du Saint-Esprit, comme le principe & la fin unique de tout bien. C'est Jesus-Christ qu'elle adore dans les Images de ses Mysteres, & dans les Instrumens de sa Passion ; dès les premiers siécles de son établissement, elle avoit des représentations de son Sacrifice, sur les vases qui servoient à le célébrer & à l'ofrir. C'est de sa médiation seule, & de sa puissance, & non de ses images, qu'elle attend tous les secours dont elle a besoin, C'est l'Auteur de toute Sainteté, qu'elle honore dans ses Saints ; elle respecte, à l'éxemple des Eglises Apostoliques de Smyrne & de Lyon, dans leurs Os, comme dans les Temples du Saint-Eſprit, deſtinés à une réſurrection glorieuſe, les mérites que ſa Grace leur a fait acquérir; & dans leurs Images, les triomphes que la même Grace leur a fait remporter. Si elle a recours à leur interceſſion; ce n'eſt ni à leurs Images, ni à leurs Os inſenſibles, qu'elle s'adreſſe; c'eſt à eux, comme aux amis de Dieu, par les mérites de Jeſus-Chriſt.

Le Légiſlateur des Chrétiens, pourſuivez-vous, ne vendit point d'Indulgences, ne reçut point d'Annates, ne confera point de Bénéfices, n'eut aucune Dignité temporelle. Si dans l'Egliſe il y a des hommes aſſez pervers, pour vendre des Indulgences: eſt-ce de l'aveu, & avec l'aprobation de l'Egliſe? Mais prenez garde de prendre pour vente, des aumônes volontaires, toujours regardées comme des marques néceſſaires d'un cœur contrit & humilié, lequel ſeul, dans tous les tems, a été jugé capable de re-
2. Cor. II. cevoir une rélaxation des peines dûes au pécheur. Eſt-ce contre la défenſe du Légiſlateur des Chrétiens, que les Egliſes particulieres font des préſens, ſous tel ou tel autre nom, au Pon-

tise Romain, leur pere commun, pour le mettre en état de subvenir aux charges immenses, attachées à sa place, pour le bien même de l'Eglise, pour la propagation de la Foi, pour la formation de Ministres zèlés & savans, pour l'entretien & le soulagement des pauvres & des misérables ? Le Législateur des Chrétiens déclare à ses Apôtres, en les envoïant prêcher son Royaume, qu'ils ne doivent pas s'inquiéter des besoins temporels; parce que, ajoute-t-il, celui qui travaille mérite d'être nourri, & Math. X. 10.
que *ceux qui anoncent l'Evangile, doivent vivre de l'Evangile.* N'est-il 1. Cor. IX. 14.
pas en éfet de l'équité, que des Pasteurs, qui consacrent tout leur tems à la lecture, à l'exhortation, à l'instruction, 1. Tim. IV. 13.
pour le bien de leurs Ouailles, tirent d'elles leur subsistance ? Mais qu'importe, qu'ils la reçoivent journellement de leurs mains, ou de Bénéfices, c'est-à-dire, de certains fonds, destinés à cet usage, & conférés par les Souverains, ou, de leur agrément, par leurs Sujets, non pour fomenter le faste & le luxe, mais pour fournir le nécessaire de la vie ? Le Législateur Luc XXIII.
des Chrétiens défend bien à ses Mi-

niſtres toute domination ; mais il ne leur défend nullement toute dignité temporelle. On peut en poſſéder ſans orgueil, ſans s'embaraſſer dans les
1. Tim. 11. 4. afaires ſéculieres, pour ne plaire qu'à celui au ſervice duquel on eſt enrôlé.

Vous finiſſez en diſant, que le Légiſlateur des Chrétiens n'établit point d'Inquiſition, pour ſoutenir ſes Loix ; ne maintint point ſon autorité par le fer des boureaux. Auſſi l'Egliſe n'a-t-elle ni fer, ni boureaux, pour ſoutenir ſes Loix contre des enfans rébelles ; elle n'a que des peines ſpirituelles ; elle n'y a même recours, qu'après avoir épuiſé toute ſa tendreſſe maternelle, pour les rapeller à leurs devoirs. Mais qui oſeroit s'élever contre la conduite des Princes ſes protecteurs, qui veillent à ce que ſon Unité ne ſoit pas bleſſée, à ce que ſa Foi ſoit conſervée dans ſon intégrité, à ce que les points décidés par elle, ou qui ſont l'objet de ſa profeſſion publique & générale, ne ſoient pas publiquement combattus ? Qui oſeroit donc condamner leurs Loix, propres à éfraïer, par la terreur des peines ſenſibles, & réduire au silence les personnes téméraires, qui voudroient combattre sa Doctrine ?

Que voulez-vous dire, en accusant l'Eglise Romaine de lutter depuis huit cens ans contre les Magistrats ? Si elle a été comblée de biens, de droits, de privilèges, par les Souverains, auroit-elle tort de les défendre, sans sortir des voïes de la modestie & de la douceur, contre ceux qui tenteroient de l'en dépouiller, & d'en apeller aux Souverains, ses bienfaiteurs ? Les Ministres Protestans, devroient-ils être censés vouloir se soustraire aux Magistrats, parce qu'ils réclameroient leur justice, pour des droits accordés à leurs prédécesseurs ? Avançons : vos déclamations sont trop frivoles, pour être amusantes.

Le Caloyer. Il semble que vous « choisissiez une Religion, comme « on achete des étoffes chez les Mar- « chands : vous allez chez celui qui « vend le moins cher. «

L'honête-Homme. Je vous ai dit « ce que je préférerois, s'il me falloit « faire un choix selon les régles de «

» la prudence humaine; mais ce n'est » point aux hommes que je dois m'a- » dresser, c'est à Dieu seul; il parle » à tous les cœurs: nous avons tous » un droit égal à l'entendre. La con- » science qu'il a donnée à tous les » hommes, est leur Loi universelle. » Les hommes sentent d'un Pôle à » l'autre, qu'on doit être juste, ho- » norer son pere & sa mere, aider ses » semblables, tenir ses promesses: » ces Loix sont de Dieu, les simagrées » sont des mortels. Toutes les Reli- » gions diférent, comme les Gouver- » nemens; Dieu permet les uns & » les autres. J'ai cru que la maniere » extérieure dont on l'adore, ne peut » ni le flater, ni l'ofenser, pourvu » que cette adoration ne soit ni su- » perstitieuse envers lui, ni barbare » envers les hommes.

» N'est-ce pas en éfet ofenser » Dieu, que de penser qu'il choisisse » une petite Nation chargée de » crimes pour sa favorite, afin de » damner toutes les autres? Que l'as- » sassin d'Urie soit son bien-aimé, » & que le pieux Antonin lui soit en » horreur? N'est-ce pas la plus gran- » de absurdité de penser, que l'Etre

ſuprême punira à jamais un Ca- «
loyer, pour avoir mangé du liévre; «
ou un Turc, pour avoir mangé du «
porc? Il y a eu des Peuples, qui «
ont mis, dit-on, les oignons au «
rang des Dieux; il y en a d'au- «
tres, qui ont prétendu qu'un mor- «
ceau de pâte étoit changé en autant «
de Dieux que de miettes. Ces deux «
extrêmes de la démence humaine «
font également pitié; mais que «
ceux qui adoptent ces rêveries oſent «
perſecuter ceux qui ne les croïent «
pas, c'eſt-là ce qui eſt horrible. «
Les anciens Parſis, les Sabéens, «
les Egyptiens, les Grecs, ont ad- «
mis un Enfer: cet Enfer eſt ſur la «
Terre, & ce ſont les perſécuteurs «
qui en ſont les Démons.»

Votre réponſe n'a rien qui nous ſurprenne. Il ſemble, ſi vous n'êtes pas *une machine* à imagination, plutôt qu'à raiſonement, que vous ayez ainſi procédé dans l'éxamen de la Religion. Il y a un Dieu: donc il y a une Religion; & il ne peut y en avoir qu'une ſeule qui ſoit véritable: donc s'il y en avoit une révélée; elle ſeroit la véritable, & la ſeule qu'il fallut embraſſer. De toutes les Religions qui ont éxisté, & qui éxistent dans le monde, la Chrétienne est la seule qui mérite quelque attention sur ce caractere de révélée, qu'elle s'atribue. Je me suis convaincu, que sa prétention est sans fondement : mais que si quelque vraisemblance militoit en sa faveur, mon choix devroit être pour la Secte Protestante. Vous voilà bien déterminé à rejeter la Religion Chrétienne, de même que toutes les autres, anciennes ou modernes. Cependant nous osons vous rapeller à un nouvel éxamen : car dans celui que vous nous avez représenté jusqu'ici, se montre une ignorance pitoyable, ou une mauvaise foi, indigne d'un honête-Homme.

» Ce n'est pas aux hommes, dites-» vous, que je dois m'adresser, c'est » à Dieu seul ; il parle à tous les » cœurs : nous avons tous un droit » égal à l'entendre. La conscience » qu'il a donnée à tous les hommes, » est leur Loi universelle. »

Mais, si Dieu a parlé aux hommes par la bouche de Jesus-Christ ; espérez-vous, qu'en refusant d'écouter sa voix, il vous parlera en particulier ?

Ou que s'il vous parloit en particulier, vous écouteriez avec plus de docilité? Auriez-vous plus de preuve, que ce seroit lui qui vous parleroit, qu'il n'y en a qu'il a parlé par la bouche de Jesus-Christ? Il parle à tous les cœurs, ajoutez-vous; mais qui écoute sa voix, ou qui l'a écouté, en rejetant la parole de Jesus-Christ? Nous avons tous, non-seulement droit d'entendre ce que Dieu nous dit au fond de nos cœurs; mais nous devons l'entendre. La dificulté est de distinguer cette voix intérieure de celle des passions. Quelle reconoissance ne devons-nous donc pas à sa bonté, de nous avoir mis en état de faire sûrement cette distinction, en nous déclarant, par son Fils, toutes ses volontés? « La conscience, qu'il « a donnée à tous les hommes, est « leur Loi universelle: » en ce sens, qu'il n'est jamais permis d'agir contre elle; mais l'est-elle en ce sens, qu'il soit toujours sûr de la suivre? La conscience est-elle à l'abri de toute illusion? L'orgueil, l'intérêt, la volupté, savent le secret de la corrompre & de l'étoufer. Si ces passions ne réussissent pas toujours sur les premiers principes des mœurs; de quelle obſcurité ne couvrent-elles pas les conſéquences! Quel beſoin n'avions-nous donc pas, que Jeſus-Chriſt vint retracer ſa Loi à nos yeux, & nous la fit accomplir par ſa Grace!

» Les hommes, pourſuivez-vous, » ſentent, d'un Pôle à l'autre, qu'on » doit être juſte, honorer ſon pere » & ſa mere, aider ſes ſemblables, » tenir ſes promeſſes.

Que de grands mots! A quoi aboutiſſent-ils? A nous montrer, d'un Pôle à l'autre, des prévaricateurs hors de l'enceinte de la Religion révélée. Pourquoi, dans cette énumération de devoirs, ſentis par tous les hommes, n'en faites-vous entrer aucun à l'égard de Dieu? Ne ſeroit-ce point, parce que vous ſentez que hors de l'enceinte de la Religion révélée, Dieu ne voit ſur la Terre que des hommes vains, ingrats, cupides, amoureux d'eux-mêmes? Pourquoi encore, n'y faites-vous entrer aucun devoir de l'homme à l'égard de lui-même? Ne ſeroit-ce point, parce que vous le croïez maître de diſpoſer à ſon gré de ſon corps & de ſon ame? Ou parce que vous

croïez

croïez qu'il n'y a aucun homme qui ne ſoit dans ce préjugé, & qui ne le ſuive dans ſa conduite hors de l'enceinte de la Religion révélée ?

Ces Loix, continuez-vous, ſont « de Dieu, les ſimagrées ſont des « mortels ; toutes les Religions difé- « rent comme les Gouvernemens ; « Dieu permet les uns & les autres. «

Qui doute que la Loi naturelle ne ſoit de Dieu ; que les Religions, de l'invention des hommes, ne ſoient des ſimagrées ; qu'elles diférent comme les Gouvernemens ; que Dieu ne les permette, comme il permet l'erreur & le crime, en les condamnant ? Mais la Religion Chrétienne n'eſt-elle pas de Dieu, comme la Loi naturelle ? Eſt-elle une ſimagrée ? Diféré-t-elle comme les Gouvernemens ? N'eſt-elle pas une, par-tout où elle eſt connue ? Dieu ne fait-il que la permettre, ſans la commander ?

J'ai cru, dites-vous encore, que « la maniere extérieure dont on l'ado « re ne peut ni le flater, ni l'offen- « ſer, pourvu que cette adoration ne « ſoit ni ſuperſtitieuſe envers lui, ni « barbare envers les hommes. »

Dès que Dieu a fait conoître,

non-ſeulement le culte intérieur qu'il éxige de l'homme ; mais encore le culte extérieur dont il veut être honoré pour lui plaire : avez-vous eu raiſon de croire que rejetter ce culte, ce n'étoit pas l'offenſer ? Combien la Religion Chrétienne ne devoit-elle pas vous paroître venérable, par la néceſſité même du caractere que le culte extérieur doit avoir, ſelon vous, pour ne pas déplaire à Dieu ; ſavoir n'être ni ſuperſtitieux, ni barbare ! car avant cette ſainte Religion, quel culte étoit éxemt de ſuperſtition & de barbarie ? Etoit-ce même le Dieu véritable qui fut adoré par le culte proſtitué à un Jupiter inceſtueux & adultere, à une Venus impudique, &c.

» N'eſt-ce pas en éfet, dites-vous » encore, ofenſer Dieu, que de pen- » ſer qu'il choiſiſſe une petite Nation, » chargée de crimes, pour ſa favori- » te, afin de damner toutes les autres ? » Que l'aſſaſin d'Urie ſoit ſon bien- » aimé, & que le pieux Antonin lui » ſoit en horreur ? N'eſt-ce pas la » plus grande abſurdité, de penſer que » l'Etre ſuprême punira à jamais un » Caloyer, pour avoir mangé du liévre, ou un Turc, pour avoir man- « gé du porc ? »

Non ce n'est pas ofenser Dieu, que de penser qu'il choisisse une petite Nation, chargée de crimes, pour sa favorite, & qu'il permette que les autres se damnent, s'il est vrai qu'il conserve dans cette petite Nation la véritable idée de lui-même, & la maniere dont il veut que l'homme l'honore pour lui plaire; tandis qu'il permet que les autres Nations abusent de leur raison jusqu'à l'oublier, & se faire à elles-mêmes des Dieux? Or il s'agit ici, de faits ausquels nous vous apellerons toujours : découvrez-nous, hors de la Nation Juive & Chrétienne, la connoissance du vrai Dieu, & la maniere dont il veut que l'homme l'honore pour lui plaire. Quoi ! Vous refuserez d'ouvrir les yeux à la lumiere, qui luit sur cette petite Nation ; parce que d'autres Nations demeurent dans les ténébres? C'est comme si un malade refusoit un reméde qui doit le guérir ; parce que ce reméde n'est pas donné à d'autres malades. Malheureux, lui diriez-vous, penses à te guérir, &

ne t'inquiétes pas des autres, ta mort leur ſauveroit-elle la vie ?

Non ce n'eſt pas offenſer Dieu, que de penſer que David, contrit, humilié, pleurant ſon crime tout le reſte de ſes jours; eſpérant le pardon par les mérites du Libérateur qui lui eſt promis, ſoit ſon Bien-aimé; & qu'Antonin aſſez aveugle pour ofrir des Sacrifices à des Dieux chimériques, & pour ordonner l'Apothéoſe de ſon Epouſe infidélle, lui ſoit en horreur. Non il n'eſt pas abſurde de penſer, qu'un Caloyer & qu'un Turc ſoit punis à jamais; le premier pour avoir mangé du liévre, le ſecond pour avoir mangé du porc, ſi l'un & l'autre ſont perſuadés que Dieu leur en a interdit l'uſage.

» Vous terminez ainſi ce long Ar-
» ticle : il y a eu des peuples qui ont
» mis, dit-on, les oignons au rang
» des Dieux : il y en a d'autres qui
» ont prétendu qu'un morceau de
» pâte étoit changé en autant de
» Dieux que de miettes. Ces deux
» extrêmes de la démence humaine
» font également pitié ; mais que
» ceux qui adoptent ces rêveries
» oſent perſécuter ceux qui ne le

croïent pas, c'est-là ce qui est « horrible. Les anciens Parsis, les Sabéens, les Egyptiens, les Grecs, « ont admis un Enfer : cet Enfer est « sur la Terre, & ce sont les persé- « cuteurs qui en sont les Démons. »

Dans un moment vous nous ramenerez à l'imputation calomnieuse que vous faites ici à l'Eglise, au sujet de l'Eucharistie. Permettez nous de vous dire, en attendant, que vous faites pitié. Vous vous élevés sans cesse contre les persécuteurs, pour cause de Religion : Pensez-vous donc que vous nous traitiez en amis, par vos sarcasmes, par vos calomnies, par tant d'éforts que vous faites pour nous enlever le plus grand de tous nos biens, la Religion, qui nous est plus précieuse que la vie même. Elle ne vous convient pas sans doute, parce qu'elle ne s'accorde pas à votre maniere de penser & d'agir : mais elle nous convient en toutes manieres. Si donc il n'y a d'Enfer que sur la Terre, & que ce soient les persécuteurs qui en soient les Démons, comment vous défendriez-vous de n'être point un Démon? Mais est-ce sérieusement que vous dites qu'il n'y a d'Enfer que sur la Terre ; c'est-à-dire, qu'il n'y a point de châtimens réservés au vice après cette vie ? L'homme périroit donc tout entier à la mort : quelle Doctrine ! Elle est bien digne d'un anti-Chrétien : mais qu'elle est peu digne d'un Philosophe, qui a réfléchi sur la nature de son ame, sur son unité & son indivisibilité, sur sa différence d'avec le corps, sur sa sensibilité à l'infini en bien & en mal, sur sa liberté, sur sa sujétion nécessaire à des Loix, sur l'idée du raport de l'infraction de ces Loix à la punition, & de leur observation à la récompense, sur la conduite de la Providence à l'égard des hommes durant la vie présente.

Le Caloyer. » Je déteste la persécution, la contrainte, autant que » vous ; & grace au Ciel, je vous ai » dit que les Turcs, sous qui je vis en » paix, ne persécutent personne.

L'honête-Homme. » Ah ! puissent » tous les peuples d'Europe suivre » l'exemple des Turcs ! »

Vous souhaitez à tous les peuples de l'Europe cet amour de la paix, qui, selon votre Caloyer, caractérise les Turcs. Cependant vous nous disiez il n'y a pas long-tems, que ce peuple, si pacifique, tient en esclavage l'Eglise Grecque, & qu'il vend à un haut prix le Patriarchat : & de plus, nous vous conseillons de ne pas vous aviser, sur la parole de votre Caloyer, d'aller chez ce peuple parler mal de son grand Prophéte : vous courriez risque, non seulement d'être exclus de son Paradis, qui ne vous déplaît certainement pas ; mais d'être impitoiablement empalé.

Le Caloyer. Mais j'ajoute, qu'étant Caloyer, je ne puis vous proposer d'autre Religion que celle que je professe au Mont Athos. «
L'honête-Homme. Et moi j'ajoute qu'étant homme, je vous propose la Religion qui convient à tous les hommes, celle de tous les Patriarches & de tous les Sages de l'Antiquité. L'adoration d'un Dieu, la justice, l'amour du prochain, l'indulgence pour toutes les erreurs, & la bienfaisance dans toutes les ocasions de la vie. C'est cette Religion digne de Dieu, que Dieu a gravée dans tous les cœurs. Mais «

» certes il n'y a pas gravé que trois » font un, qu'un morceau de pain » est l'Etre éternel, & que l'ânesse » de Balaam a parlé. »

Le Caloyer, comme nous l'avons observé ci-dessus, a tort, de vous proposer la Religion de son Eglise Schismatique. Avez-vous plus de raison de lui proposer la vôtre ? Vous la donnez pour la Religion de tous les hommes, & elle n'a été celle d'aucun homme. Vous la donnez pour la Religion des Patriarches, & ils n'ont eu que la Religion révélée. Vous la donnez pour celle des Sages de l'Antiquité, & ils n'en ont eu aucune : impies, & injustes, aïant
Rom. 1. v. 18. & seq. connu ce qui peut être connu de Dieu, Dieu lui-même le leur aiant découvert ses perfections invisibles, son éternelle puissance & sa divinité étant devenues visibles, depuis la création du Monde par la connoissance que ses ouvrages en donnent, ils ont tenu injustement la vérité de Dieu captive ; ingrats, ils ne l'ont point glorifié comme Dieu, & ne lui ont point rendu grace ; superbes, ils se sont égarés dans leurs vains raisonnemens.

nemens, & leur cœur insensé a été rempli de ténébres ; se disant Sages : ils sont devenus fous, jusqu'à transférer à des hommes & à des quatrupedes, à des reptiles, l'honneur qui n'est dû qu'au Dieu immortel. C'est pour cela que Dieu les a livrés aux désirs de leur cœur & aux vices de l'impureté.

Pour nous donner l'idée de votre Religion ; vous nous répetez sans cesse, qu'elle consiste dans l'adoration d'un Dieu, sans nous dire jamais, comme nous vous l'avons déja reproché, ce que vous entendez par cette adoration, par cette divinité, qui en doit être l'objet ; & sans vous indiquer les Nations qui ont adoré Dieu. Nous vous l'avons dit, & nous vous le répétons, que hors de l'enceinte de la Religion révélée, il n'y a point d'adorateurs du Dieu véritable, & qu'il vous est impossible de nous en citer. Sans doute Dieu a gravé dans tous les cœurs l'idée de son Etre, & l'idée de la justice : mais ces idées avoient besoin d'être retracées par Dieu même : les sens, l'imagination, les passions les avoient étrangement défigurées : l'Histoire des Nations en fournit une preuve ſans réplique. On ne trouve l'idée ſaine de la divinité, que chez les Nations éclairées des lumieres de la révélation. On ne trouve que chez elles l'idée pure de la juſtice, en tant qu'elle comprend les devoirs de l'homme à l'égard de l'Auteur de ſon être, à l'égard de lui-même, à l'égard de ſes ſemblables. Voilà des faits.

Non certes, Dieu n'a pas gravé dans tous les cœurs l'idée du Myſtere inéfable d'un Dieu en trois Perſonnes; ni l'idée du Myſtere inéfable de la Préſence réelle de Jeſus-Chriſt dans l'Euchariſtie; mais y a-t-il gravé l'idée du contraire? Et s'il s'eſt ainſi fait conoître par Jeſus-Chriſt; eſt-il moins la vérité dans ſa parole, que dans les idées dont il nous a éclairé?

Si vous aviez été attentif à cette idée de Dieu, gravée dans tous les cœurs; elle vous eut amené a la foi des Dogmes, qui choquent ſi fort votre raiſon. Vous auriez conçu, que Dieu, étant la vérité, ne peut tromper; qu'il ne peut, par conſéquent, autoriſer le menſonge par des éfets de ſa puiſſance, qui ſeroient des exceptions des Loix, qu'il ſuit conſtanment dans le gouvernement de l'Univers ; qu'il n'auroit pû, par conſéquent, autoriſer par de tels éfets Jeſus-Chriſt, s'il s'étoit dit fauſſement le porteur de ſa parole. Partant toujours du même principe, vous vous ſeriez pleinement aſſuré, que Dieu avoit autoriſé Jeſus-Chriſt par des éfets de ſa puiſſance, qui ſont des exceptions des Loix, qu'il ſuit conſtanment dans le gouvernement du monde ; car dès que Dieu ne peut tromper, vous vous ſeriez cru à l'abri de toute erreur, en uſant bien des moïens qu'il a donnés à l'homme pour juger, ſoit des vérités intellectuelles, ſoit des faits préſens, ſoit des faits anciens ou éloignés ; ſavoir, pour juger des vérités intellectuelles, en uſant bien des idées : pour juger des faits préſens, en uſant bien des ſens : pour juger des faits anciens ou éloignés, en uſant bien du témoignage des autres hommes. Et vous auriez cru bien uſer du moïen de ce dernier genre ; quand vous vous ſeriez cru réduit à la néceſſité de ne pouvoir recuſer le témoignage des autres hommes, ſur les faits anciens ou éloignés, ſans les ſupoſer violateurs des plus ſimples Loix de l'humanité : or c'eſt à une telle néceſſité que vous vous ſeriez vu réduit, pour ne pas admettre la vérité de l'Hiſtoire de Jeſus-Chriſt. Il n'eſt pas poſſible de rejetter le témoignage que lui ont rendu les premiers Chrétiens, qu'en ſupoſant qu'ils ont ou été trompés ou voulu tromper : or il n'eſt point de ſupoſition qui puiſſe être plus contraire à toutes les Loix de l'humanité : l'erreur involontaire de la part des premiers Chrétiens, étant inconciliable avec les ſens de l'homme ; & l'erreur volontaire de la part des premiers Chrétiens, étant inconciliable avec tous les intérêts les plus chers de l'homme. En procédant ainſi, auriez-vous manqué d'arriver à la croïance des deux Myſteres, dont l'un eſt la baſe de l'Egliſe Chrétienne, & l'autre ſa conſolation ?

Vous exprimez très-mal ſa foi, au ſujet du premier : elle ne dit pas que trois Perſonnes qu'elle reconnoît en Dieu, font un. Eſt-ce par l'amour de la vérité que vous lui prêtez ce langage ? N'eſt-ce pas plutôt par haine pour la vérité : comme ſi elle admettoit un Myſtere contradictoire dans les termes mêmes ? Sans doute, si elle disoit que les trois Personnes sont une, de même que si elle disoit, que trois Dieux sont un ; son discours seroit contradictoire ; mais elle dit, que les trois Personnes, le Pere, le Fils, & le Saint Esprit sont (& non pas *font*, terme qui emporteroit une action, une composition) un seul Dieu, c'est-à-dire, ont une même nature, une même essence, une même substance. Où est la contradiction ? Est-ce sous le même raport qu'elle dit du Pere, du Fils, du Saint Esprit qu'ils sont trois & qu'ils sont un ?

Epargnez-vous la peine de donner la torture à votre imagination, pour nous faire trouver quelque absurdité dans notre Mystere : jamais vous ne nous ferez concevoir, que toute l'activité de l'Etre par soi se réduit à produire des Etres hors de lui-même ; ou que son activité infinie n'en peut produire en lui-même, sans multiplier son essence. Ce seroit juger de lui par les Etres mêmes qui reçoivent l'éxistence de sa volonté souverainement éficace : ils ont nécessairement des bornes, soit dans leur activité, soit dans leur nature ; par conséquent, ils ne peuvent rien hors d'eux-mêmes, & doivent se multiplier : mais l'essence de l'Etre par soi n'aïant point de bornes, son activité ne peut en avoir, ni au dehors, ni en elle-même ; & les êtres, qui en émanent en elle-même, ne doivent point la multiplier.

Vous vous exprimez aussi mal, pour ne rien dire de plus, au sujet du Mystere de l'Eucharistie. Est-ce que l'Eglise dit, qu'un morceau de pain est l'Etre éternel, ou comme vous lui reprochiez plus haut qu'un morceau de pâte est changé en autant de Dieux que de miettes ? Vos expressions burlesques sont intolérables. L'Eglise croit, sur la parole de Jesus-Christ, qui est Dieu, qu'elle posséde dans l'Eucharistie, sous les espéces du pain & du vin, le Corps qu'il s'est uni ; la matiere du pain & du vin ayant été changée & transubstanciée par sa parole, en la Chair & le Sang de ce Corps ; mais non que ce Corps soit l'Etre éternel, qu'il soit Dieu.

Nous vous répétons le même avis, que nous venons de vous donner au sujet du Mystere de la Trinité : épargnez-vous la peine d'essayer de convaincre d'erreur l'Eglise, sur le sens dans lequel elle entend les paroles de Jesus-Christ. Pour y réussir, vous auriez à démontrer que l'essence du corps humain de l'homme change & varie : que ce corps qu'on apelle humain, dès qu'une ame lui est unie, ne subsiste pas toujours le même : que son identité n'est pas indépendante de la grandeur qui lui survient : que la matiere qu'il reçoit par l'usage des alimens, & qui sert à son dévelopement, ne lui est pas accidentelle : que la matiere dont ses organes sont composés, étant divisible à l'infini, il ne peut être dédoublé à l'infini : qu'étant dédoublé, & éxistant en divers lieux, il perdroit son identité, & cesseroit d'être uni à la même ame ; en sorte qu'on ne pût plus dire de ce corps humain, qu'il seroit sorti d'un tel pere & d'une telle mere : que ce corps ainsi dédoublé, éxistant en divers lieux, ne pouroit prendre des alimens, & les changer en sa chair & en son sang ; & que si Dieu vouloit, ce changement ne pût s'opérer que de la maniere dont il se fait naturellement par la digestion.

Vid. Présence corporelle de l'homme en plusieurs lieux, prouvée possible. Chez Rosel.

Vous voyez, pour peu que vous

ſoyez Phyſicien & Métaphyſicien ; que vous êtes dans l'impuiſſance de donner la démonſtration que nous vous demandons. La poſſibilité de l'hypotèſe, contenue dans cette ſuite de propoſitions, au ſujet du corps, ſe conçoit le plus aiſément ; elle ne ſe conçoit pas moins aiſément au ſujet de l'ame. L'union de cette ſubſtance au corps ne conſiſte certainement ni dans une préſence locale, ni dans une action phyſique du corps ſur elle : l'ame n'eſt ſuſceptible ni de cette ſorte de préſence, ni de cette ſorte d'action, par l'immatérialité de ſon être. L'union de ces deux ſubſtances ne peut conſiſter, que dans une correſpondance mutuelle de leurs penſées & de leurs mouvemens, ſelon les Loix du Créateur, qui, à l'ocaſion des penſées de l'ame, agit ſur le corps, & ſur l'ame à l'ocaſion des mouvemens du corps. Poſez ce principe, il eſt clair, qu'une même ame peut être unie au corps dédoublé, éxiſtante ainſi en divers lieux ; puiſque à l'ocaſion de ces penſées, le corps éxiſtant en divers lieux, pouroit recevoir des mouvemens, & qu'à l'ocaſion des mouvemens du corps, elle pouroit recevoir des pensées. Nous éprouvons quelque chose de semblable dans nos membres: car ces divers membres, dont nous sommes composés, sont réellement divers corps, auxquels notre ame est unie, & à l'ocasion desquels elle est diversement modifiée, comme ils sont eux-mêmes diversement mûs à l'ocasion de ses diverses pensées.

On conçoit encore dans l'hypothèse dont il s'agit, comment les impressions du pain & du vin peuvent subsister les mêmes, après le changement de ces deux substances dans la Chair & le Sang du Corps de Jesus-Christ : il ne faut, pour le concevoir, supofer qu'une chose bien simple; qui est que toutes les molécules sensibles du pain & du vin, changées en autant de Corps de Jesus-Christ, gardent entre elles le même ordre qu'auparavant, par conséquent, la même superficie.

A Dieu ne plaise, que nous donnions ce plan pour celui que Jesus-Christ a suivi dans le Mystere inéfable de sa charité pour l'homme. En combien de manieres, au-dessus de nos foibles conceptions, celui dont la puiſſance eſt ſans bornes, ne peut-il pas opérer les plus grands miracles ?

Le Caloyer. « Ne m'empêchez pas » d'être Caloyer.

L'honête-Homme. » Ne m'empêchez pas d'être honête-Homme. »

Nous conſentons volontiers que le Caloyer continue d'être Caloyer ; mais nous voudrions qu'il fût bon Caloyer ; qu'il connût mieux la Religion ; qu'il ſût mieux la défendre. Nous ne conſentons pas moins volontiers, que vous ſoyez honête-Homme ; mais nous voudrions que vous le fuſſiez : car comment peut s'acorder ce caractere avec votre procédé ? Eſt-il d'un honête-Homme de blaſphêmer ce qu'il ignore ? Cependant l'ignorance, dont nous venons de vous convaincre, peut ſeule vous excuſer de mauvaiſe foi.

Le Caloyer. » Je ſers Dieu ſelon » l'uſage de mon Couvent.

L'honête-Homme. » Et moi ſelon » ma conſcience. Elle me dit de plaindre & d'aimer les Caloyers, les

Derviches, les Bonzes & les Tala- «
points ; de regarder tous les hom- «
mes comme mes freres. »

Le Caloyer fait très-bien de servir Dieu selon l'usage de son Couvent ; si cet usage est fondé sur la vérité & sur l'amour de l'unité. Vous feriez aussi très-bien de servir Dieu selon votre conscience ; si elle étoit éclairée & dirigée par la vérité. Pouvez-vous vous en flater ? Un Chrétien aime plus que vous les Caloyers, les Derviches, &c. il n'est point indiférent à l'égard de leurs erreurs, ni par conséquent à l'égard de leur véritable bonheur ; il voudroit, aux dépens de tout son sang, leur procurer la conoissance & l'amour de la vérité, sans laquelle il ne peut y avoir que miséres, & dans cette vie & dans l'autre.

Le Caloyer. Allez, allez, tout «
Caloyer que je suis, je pense com- «
me vous. «

L'honête-Homme. Mon Dieu, «
bénissez ce Caloyer. «

Le Caloyer. Mon Dieu, bénissez «
cet honête-Homme. »

Tant pis pour le Caloyer, s'il pense comme vous : il ne peut penser plus mal. Au reste, vous ne devez pas vous féliciter beaucoup d'avoir acquis un tel proselyte : le personnage que vous lui faites jouer dans votre Dialogue, est celui d'un imbécille, ou d'un homme qui ne cherche qu'à se confirmer dans son irréligion. Si nous pensions comme vous, nous ne pourions nous empêcher de rire, en entendant les bénédictions mutuelles que vous vous prodiguez si libéralement : mais votre état est trop déplorable aux yeux de la Foi, pour ne pas mériter les larmes d'un Chrétien. Et conséquenment, pour ne pas nous engager à conjurer le Dieu de vérité de dissiper vos ténébres, en vous donnant ces *yeux éclairés du cœur*,
Eph. 1. 18. dont parle Saint Paul, *pour vous faire savoir quelle est l'espérance à laquelle il vous a apellés ; quelles sont les richesses ; & la gloire de l'héritage qu'il destine aux Saints.*

Il n'y a en éfet, qu'un intérêt si solide & si réel qui puisse remplacer celui qui est la source de tant de Rapsodies, dont le Public est infecté de nos jours contre la Religion. La plupart, dit-on, des Auteurs de ces Rapsodies, travaillent à se rendre illustres par des Piéces de Théâtres, par des Histoires mêlées de fictions, par des Romans, où régne la licence. Si par vos travaux vous avez mérité d'être agrégé à un Corps si illustre; il n'y a qu'un Caloyer du Mont Athos qui puisse ignorer l'intérêt que vous avez de détruire le Christianisme. C'est un énemi impitoïable de la vanité, du mensonge, de l'impureté. Sa destruction seroit pour vous une justification complête : car, sa fausseté démontrée, que resteroit-il de vrai sur la Terre ! Qui pouroit vous faire un crime de votre avidité pour les aplaudissemens du Théâtre? La vanité d'un Poëte mérite bien d'être païée de la vanité de ceux à qui il a sû plaire. Qui pouroit vous faire un crime de remplir de fictions l'Histoire? Fictions pour fictions, les vôtres vaudroient bien les anciennes. Qui pouroit vous faire un crime de vos images impures, & de vos descriptions cyniques, capables de faire rougir les victimes, mêmes publiques, dévouées à l'impudicité? Des atraits d'une nature, selon vous, saine & entiere pourroient être innocenment enflammés.

Mais vous venez d'en faire l'épreuve : vos coups contre la Religion ne sont que des coups d'un Poëte de Théâtre, d'un Fabuliste, d'un Romancier, qui l'ont trouvé & laissé immobile en elle-même & dans ses preuves. De nouveaux éforts de votre part seroient inutiles : ils retomberoient sur vous & vous couvriroient d'oprobres. L'unique parti sage qui vous reste, c'est de renoncer à la vanité du Théâtre, d'abjurer vos fictions, de brûler vos Ouvrages licentieux, & de vous livrer tout entier à l'étude de la Religion, en vous dépouillant de tout autre intérêt que celui de la vérité. Quelque prévenu que vous paroissiez être ; il n'est guéres possible, qu'avec tant de talens, vous n'arriviez à la connoissance de sa Divinité ; que vous ne gémissiez de l'avoir combattue ; que vous n'en deveniez l'Apôtre.

FIN.

Fautes à corriger.

PAge 13, *ligne* 15, de cinq jours, *lisez* de six jours.

Page 15, *lig.* 28, sa complaisance, *lis.* la complaisance.

Page 28, *lig.* 13, *lis.* qui tue & qui vivifie, ce qui doit vous surprendre?

Page 61, *lig.* 12, acablant, *lis.* acablent.

Ibid. lig. 24, or, *lis.* ou.

Page 64, *lig.* 10, le Fils de Dieu, *lis.* les Fils de Dieu.

Page 141, *premiere ligne*, Photin, *lis.* Photius.

Page 163, *lig.* 16, apellerons, *lis.* rapellerons.

Page 169, *lig.* 17, & sans vous, *lis.* & sans nous.

www.ingramcontent.com/pod-product-compliance
Lightning Source LLC
Chambersburg PA
CBHW072000090426
42740CB00011B/2020

* 9 7 8 2 0 1 9 5 7 2 0 0 6 *